Paul Buss

Sind die von Horstmann herausgegebenen schottischen Legenden

ein Werk Barbere's?

Paul Buss

Sind die von Horstmann herausgegebenen schottischen Legenden ein Werk Barbere's?

ISBN/EAN: 9783743468030

Hergestellt in Europa, USA, Kanada, Australien, Japan

Cover: Foto ©Thomas Meinert / pixelio.de

Manufactured and distributed by brebook publishing software
(www.brebook.com)

Paul Buss

Sind die von Horstmann herausgegebenen schottischen Legenden ein Werk Barbere's?

SIND DIE
VON HORSTMANN HERAUSGEGEBENEN
SCHOTTISCHEN LEGENDEN EIN
WERK BARBERE'S?

INAUGURAL-DISSERTATION

ZUR

ERLANGUNG DER PHILOSOPHISCHEN DOCTORWÜRDE

AN DER

GEORG-AUGUSTS-UNIVERSITÄT

ZU GÖTTINGEN

EINGEREICHT

VON

PAUL BUSS
AUS SCHWERIN.

HALLE a. S.
DRUCK VON EHRHARDT KARRAS.
1886.

Am 11. April 1866 entdeckte der oberbibliothekar der universitätsbibliothek zu Cambridge, Bradshaw, in einem schottischen manuskript von Lydgate's Troy-Book zwei fragmente eines gedichtes vom Trojanerkriege in viermal gehobenen versen. Dieselben waren durch die worte *Her endis barbour and begynnis þe monk* und *Her endis the monk and begynnis Barbour* dort, wo sie in Lydgate's text eingeschaltet waren, kenntlich gemacht. Nicht lange darauf fand derselbe gelehrte in Oxford, ebenfalls in einem von schottischen händen geschriebenen Lydgate'schen Trojanerkriege, ein drittes, dem zweiten korrespondierendes, aber vollständigeres fragment. Dieses erwähnt den namen eines dichters nicht. Bradshaw und nach ihm der verdiente herausgeber Dr. Carl Horstmann haben kein bedenken getragen, auf grund des erwähnten zeugnisses der einen handschrift dieses werk dem archidiakonus John Barbere, dem dichter des gefeierten nationalepos der Schotten, des Bruce, zuzuschreiben.

Wahrscheinlich voreingenommen von dieser unzweifelhaft erscheinenden tatsache und in der erwartung, noch weitere unbekannte werke des berühmten dichters aufzufinden, glaubte Bradshaw bald eine weit wichtigere entdeckung in dieser beziehung gemacht zu haben. In einer umfangreichen, in schottischer sprache gedichteten sammlung von heiligenleben (ms. Cambr. Univ. Libr. Gg II, 6) fand er die legenden von Machar und Ninian, den patronen von Schottland und Aberdeen. Aus dem umstande nun, dass Barbere diakon von Aberdeen war und ihm das interesse für den lokalheiligen dieser stadt und seine legende am nächsten lag, glaubte Bradshaw mit be-

stimmtheit schliessen zu dürfen, dass Barbere selbst verfasser
sowol dieser legende als auch der ganzen umfangreichen samm-
lung sei, zumal da der geistliche stand des ungenannten dichters
aus dem werke unschwer zu erkennen war. Vgl. Cambridge
Antiquarian Communications v. III, no. 15, s. 111—117: On two
hitherto unknown poems by John Barbour [1], author of the Brus.
Communicated by Henry Bradshaw, read 30. April 1866.

Nachdem die Early English Text Society lange zeit eine
ausgabe von *'Barbours Lives of Saints'* in aussicht gestellt hatte,
hat sich neuerdings Carl Horstmann durch die herausgabe der-
selben verdient gemacht und somit der frage nach der autor-
schaft ein erneutes interesse verliehen. Horstmann hat sich
Bradshaw's vermutung mit überzeugung angeschlossen; vgl. Alt-
englische Legenden, neue folge, s. LXXXIX. Nicht ohne grund
stellt er den poetischen wert der legenden so hoch, dass sie
eines dichters wie Barbere wol würdig sind. Zu widerholten
malen hat er in den anmerkungen auf die künstlerische art,
mit welcher der dichter seine lateinische vorlage bearbeitet,
hingewiesen.

Auch in formeller beziehung stehen die legenden dem
Bruce nicht nach. Die verunstaltung, in welcher das werk
auf uns gekommen, ist schuld eines schreibers; der schluss,
von anderer hand, zeigt den geregelten versbau der mittel-
schottischen poesie. Was aber die behandlung des reimes
anbetrifft, so ist ein durchaus verschiedenes prinzip in den
dichtungen erkennbar. Die eintönige widerholung der reime
auf *-yng, -and, -y (-ly), -è* etc., welche der sonst poetischen
sprache des Bruce gewaltigen abbruch tut, ist bedeutend ab-
geschwächt durch eine grössere reichhaltigkeit des reimappa-
rates der legenden. Als e i n beispiel für viele mögen die
monotonen *y*-reime gelten. Verhältnissmässig kommen deren
im Bruce mehr als doppelt so viel vor als in den legenden.
Allerdings sind die *è*-reime, welche neben jenen den löwen-
anteil davon tragen — sie machen etwa ein achtel sämmtlicher
reime aus —, dort nicht weniger zahlreich als hier. In den
legenden finden dagegen eine anzahl von archaistischen und
selteneren wörtern, welche der sprache im allgemeinen nicht

---

[1] Die am besten bezeugte und älteste form des namens ist *Barbere*.
Wyntown reimt denselben z. b. auf *matere* 8, 177.

geläufig sind, im reime verwendung, auch scheut sich der legendendichter nicht vor assonanzen, vor rührenden reimen oder vor reimen mit unbetonten endungen und flexionssilben. Die armut an reimpaaren wird zum guten teile dadurch gedeckt, und in diesem sinne könnte man allerdings, wie Horstmann dies getan, von einer fortgeschrittenen technik der legenden sprechen.

Dass die legenden das werk eines dichters sind, ist mit sicherheit anzunehmen. Assonanzen, welche der schottischen poesie sonst fremd zu sein scheinen, ziehen sich durch das ganze werk hin und ist deren gleichartigkeit unverkennbar. Doch darf es nicht unerwähnt bleiben, dass gerade die legende vom schottischen heiligen Ninian — welche einen hauptstütz-punkt für Bradshaw's vermutung bot — einige eigentümlich-keiten im reim- und wortgebrauch aufweist. Abgesehen von der ganz selbständigen dichtung, welche einen teil dieser legende kennzeichnet und einen anders gearteten stoff in das heiligenleben hineinzieht, scheinen umstände eingewirkt zu haben, welche auf die sprachliche und formelle gestaltung nicht ohne einfluss geblieben sind. Die zusammengehörigkeit des Ninian und der legenden wird jedoch ziemlich wahrschein-lich durch die assonanzen, welche sich dort ebenfalls finden. Vielleicht findet der verfasser noch einmal gelegenheit, hier-über genaueres festzustellen.

Wol im hinblick auf den weit zurückstehenden künstle-rischen und poetischen wert des Trojanerkrieges hat Horst-mann denselben als ein jugendwerk des dichters, welcher die herrlichen gestalten des Bruce und Douglas gezeichnet, hin-stellen wollen. In dem Trojanerkriege erkennen wir eins der niedrigsten erzeugnisse mittelalterlicher übersetzungsliteratur. Die idiomatischen wendungen des lateinischen textes wie *abl. absol., accus. cum infin.* u. a. sind vollständig analog im eng-lischen widergegeben, eine beträchtliche anzahl unenglischer wörter direkt aus der vorlage herübergenommen und der pro-saische stil derselben in vollem umfange in der poetischen bearbeitung beibehalten. Dazu kommt die grosse zahl der flickwörter und -sätze, welche reim und vers auszufüllen be-stimmt sind, und das primitivste mittel hergeben, eine wört-liche übersetzung in poetische form zu giessen. Den legenden ebenso wie dem Bruce sind viele derselben ganz oder fast ganz unbekannt. Dabei ist eine gewisse ungleichmässigkeit der darstellung zu beobachten, welche besonders zwischen dem ersten und zweiten fragmente bemerkbar wird. Höchst merkwürdig ist das verhältniss der beiden handschriften des Trojanerkrieges zu einander. Ich bin nicht dahin gelangt, mir eine klare vorstellung darüber machen zu können, und doch wäre eine genaue bestimmung des verhältnisses von besonderer wichtigkeit für den wert oder unwert, welchen wir der notiz der einen handschrift beizumessen hätten. Die orthographische übereinstimmung der handschriften ist erstaunlich. Die meisten verse unterscheiden sich durch kaum mehr als einen oder zwei buchstaben, viele stimmen ganz und gar überein. Gewichtige gründe jedoch sprechen dafür, dass keine der handschriften aus der anderen unmittelbar herzuleiten ist (C nicht aus D: vgl. 15. 116. 501. 1315. 1404. 1446 etc., D nicht aus C: vgl. 632. 664. 686. 1251. 1338. 1422. 1457 etc.). Es läge darnach die vermutung nahe, dass beide aus einer und derselben schon verderbten handschrift entnommen seien, wofür auch die tatsache sprechen könnte, dass das zweite fragment beide male an derselben stelle einsetzt. Allein wie sollen wir dann das fehlen des ersten fragmentes in D und die überschüssigen strophen dieser handschrift erklären? Eine ausgedehntere gliederung der handschriften anzunehmen, verbietet scheinbar die übereinstimmende orthographie. Vielleicht ist eine untersuchung über das verhältniss der Lydgate'schen handschriften im stande, mehr licht hierüber zu verbreiten. Auf jeden fall ist das zeugniss der handschrift, welche den namen *Barbour* nennt, erschüttert durch das fehlen desselben in der zweiten. Möglich, dass dichter oder schreiber ihrem obskuren werke einen aufputz und zugleich eine empfehlung durch den pomphaften namen eines berühmten und populären dichters zu geben versuchten. Wenn nicht hier wie auch bei den legenden sprachliche verschiedenheiten den beweis lieferten, dass Barbere nicht der dichter sein kann, so könnte man schon aus obigen gründen eine solche vermutung mit fug zurückweisen.

Diese sprachlichen differenzen sollen uns in folgendem näher beschäftigen.

Eine sichere grundlage für die sprachliche untersuchung bieten im allgemeinen nur die reime, denn diese allein gewähren einen einblick in die genaue lautliche gestaltung der

sprachformen. Zudem bietet das manuskript der legenden ein
aussergewöhnlich verworrenes bild von willkürlichkeiten und
nachlässigkeiten der schreiber, dass wir ohne eine systema-
tische übersicht der reime kaum im stande wären, solche
teils unabsichtliche, teils absichtliche veränderungen zu er-
kennen und zu entfernen. Ich beginne mit einer betrachtung
derjenigen reime, aus welchen ich die feste überzeugung ge-
wonnen habe, dass die schottischen legenden und der Trojaner-
krieg nicht von Barbere herrühren können.

I. Folgende scheinbar auf *e* auslautende wörter, welche unter sich
als reimwörter fungieren, sind im Bruce niemals gereimt mit den so überaus
viel im reime auftretenden *be, he, me, pe, we* oder mit *fre, thre, gle, fe, le*
oder einem auf betontes *e* auslautenden worte romanischer abstammung:
he (ae. *hêah*) : *E* (ae. *êage*) 7, 191; *hye* : *te* (ae. *tigan*; vgl. Skeat, Glossar zum
Bruce) 15, 281; *hey* : *sle* (an. *slægr*) 17, 607 : *we* (an. *vegr*) 17, 677; *de* (an.
deyja) : *he* (ae. *hêah*) 4, 416. 6, 115; : *sle* 4, 211. 19, 179; : *we* (an. *vegr*) 13, 218;
dre (ae. *drêogan*) : *we* 7, 181; *drey* : *dey* 3, 321 : *hey* 2, 382; *fle* (*fugere* aus
ae. *flêogan* oder an. *flŷja*) : *de* 8, 61. 9, 594. 12, 487. 13, 307. 14, 277 : *hye*
9, 85 : *E* 5, 623 : *dre* 18, 53.

Wir können uns diese tatsache nicht anders erklären, als dass der
ursprüngliche guttural dieser wörter, der in der zeit, welcher die be-
deutend späteren manuskripte angehören, bereits abgefallen war, noch
vom dichter als solcher oder in vokalisierter gestalt gesprochen wurde.
Auch die schreibung -*ye* und -*ey*, welche vom schreiber einige male in
archaistischer weise beibehalten wurde, deutet darauf hin. Zugleich sehen
wir hierin eine bestätigung der, wie Skeat, Etym. Dictionary, angibt, von
Junius herrührenden etymologie des substant. *we* aus an. *vegr*. Was die
auf guttural auslautende form von *fle* anbetrifft, so erinnere ich an die ae.
form *flêogan* = *fugere* anstatt *flêon*, welche sich bei Grein und Bosworth-
Toller belegt findet; die etymologie an. *flŷja* ist jedoch wahrscheinlicher.
Die schreibung *fley* im ältesten schottischen manuskript, dem des Wyn-
town, und anderen handschriften des 15. jahrhunderts, die häufigen reime
desselben mit den anderen ursprünglich auf guttural auslautenden wör-
tern selbst in späteren dichtungen beweisen, dass die schottische form *fle*
erst durch die gutturalische lautgestalt hindurchgegangen ist. Im Bruce
ist auch *fle* niemals auf -*è* gereimt.

Legenden und Trojanerkrieg unterscheiden ihrerseits diese reime von
den *e*-reimen nicht mehr, sie stammen also aus einer zeit, wo der guttural
schon abgefallen war.

Leg.: *ee* (ae. *êage*) : *me* 100, 49 : *he* 147, 357. 168, 579; *E, ey* (*hye*) : *be*
II, 51, 129. II, 207, 729. II, 10, 594; *E, ee* (*he*) : *se* 4, 75. 68, 475. 169, 665.
II, 155, 301. II, 181, 295. II, 192, 206; *dee* (an. *deyja*) : *me* II, 63, 201; *de* :
he 21, 505. II, 101, 45; *he* (ae. *hêah*) : *se* 66, 273; *sle* (?) : *me* 95, 269; *the* (ae.
pêoh) : *he* II, 121, 343; *fle* (*volare*) : *me* II, 168, 387; *fle* : *be* 3, 3. II, 68, 553.
II, 94, 821 : *me* II, 23, 754. 773 : *pe* 90, 229. II, 175, 207. II, 109, 205. II, 110, 255

: *he* 12, 559. 30, 1165. 230, 47 : *se* II, 17, 363. II, 183, 87 : *degre* 118, 181 : *trinite* II, 77, 243; *fleis* : *seis* 115, 77.

Troj. II: *hie* : *se* 1697. 1801 : *secre* 2873; *dye* : *he* 2823. 3053; *le* (subst. zu ae. *léogan*) : *se* (subst.) 2521; *fle* : *he* 2755.

Die immerhin verhältnissmässig grosse zahl solcher reime, welche auch denjenigen Barbere's entsprechen, deutet darauf hin, dass noch ältere formen neben den jüngeren hergegangen sein mögen.

Leg.: *de* : *sle* 25, 747. 33, 175. II, 68, 549. II, 108, 127. II, 203, 419 : *he* 139, 141 : *hye* II, 101, 89 : *le* 236, 479; *he* : *le* 221, 205; *leit* (*leyt*) : *wreyt* 184, 547. 235, 385 : *deyt* 159, 1447; *deyl* : *wreyt* 159, 1445; *breis* (?) : *fleis* II, 27, 15; *we* reimt ausschliesslich auf ursprünglich gutturalische wörter: *we* : *de* 129, 449. 200, 639 : *sle* 146, 273 : *ee* 168, 605.

Troj.: *we* : *de* 2968; *le* : *de* 2665; *hye* : *flee* I, 467.

Was die form *hye* (ae. *héah*) II, 101, 89 u. ö. anbelangt, so haben wir darin eine öfter widerkehrende dialektische schreibung für *he* zu sehen; z. b. *hye* II, 118, 196, *hyeare* II, 102, 94, *hyeste* 46, 1062, *hyeast* II, 101, 90, part *hyit* 21, 468 u. ö.

Die reime des Thomas of Erceldoune sind trotz der schreibung *hye*, *dye* etc. denen der legenden analog: *hye* : *Eldonetree* 82 (*hee* : *bee* 633), *dye* : *bee* 334 : *gree* 550, *wrye* : *mee* 38, *lye* : *me* 318 (*flee* : *knee* 438 : *be* 529. 566). Die reime *hye* : *ferly* 370, *flye* : *wyneberye* 181 haben daneben nichts zu bedeuten. Sie sind als unrein anzusehen, denn *e* reimt auch sonst auf *y* in wörtern mit schwebender betonung, z. b. *thee* : *ferly* 322. 338. Brandl jedoch, welcher jene reime in seiner lautlehre bespricht, erkennt die reinheit derselben nicht an, sondern begnügt sich mit der 'auffälligen neigung' dieser *y*, auf *e* zu reimen. Es ist dies um so mehr zu verwundern, als Brandl sich der schottischen formen auf *e* wol bewusst ist. Brandl setzt die abfassung des Thomas of Erceldoune in das jahr 1400. Ist diese zahl richtig, so müssen wir annehmen, dass der abfall des gutturals gegen das ende des 14. jahrhunderts durchgeführt war. Dass Barbere selbst den wandel der sprache an sich erlebt haben sollte, ist unglaublich; überdies muss die ansicht, der Trojanerkrieg sei ein jugendwerk Barbere's, hiernach unbedingt fallen.

Leider besitzen wir aus dem 14. jahrhundert kein zweites schottisches gedicht, welches eine dem reimgebrauch des Barbere analoge erscheinung aufweisen könnte. Die sprachdenkmäler des 15. jahrhunderts tragen alle den stempel der späteren zeit. Die abnahme der ungemischten, also ursprünglich reinen reime lässt auf ein allmähliges vollständiges verschwinden des gutturalen auslautes während dieser periode schliessen.

Z. b. Wyntown (etwa um 1420): *de* : *be* 5, 4031 : *infirmyte* 6, 1491; *fle* : *sauffte* 5, 2895 neben *fle* : *we* (subst.) 8, 5799; *de* : *fle* 4, 785. 1847. 5, 821. 6, 875; *dey* : *fley* 8, 2571 : *Bardey* (eigenname) 8, 4691.

Wallace[1]: *E* : *be* 6, 467. 473; *hye* : *be* 6, 361; *de* : *me* 3, 285. 5, 397 : *he* 4, 565. 717 : *be* 4, 593. 5, 512. 6, 221; *dre* : *se* 7, 805; *fle* : *he* 4, 87. 5, 768 : *me* 6, 28 daneben *fle* : *de* 3, 201. 6, 595. 741. 7, 1225.

---

[1] Auffällig ist es, dass Brandl, Thomas of Erceldoune s. 17, die abfassungszeit des Wallace ein volles jahrhundert früher ansetzt, als man

Ratis Raving: *lee* : *bee* 3, 51. 149. 377; *hyɛ̀ᴢbee* 2, 37 neben *dee* : *E*
179; *de* : *dre* 1614; *flee* : *dee* 2, 265; *heich* : *dreich* (vgl. *dreghe* Halliwell,
Dictionary).

Dunbar: *hie* : *D* (der buchstabe) 132, 90 : *me* 48, 83 : *ye* 59, 3; *e* : *me*
46, 43 : *the* 144, 69 : *se* 147, 77; *slie* : *ye* 60, 31 : *he* 126, 27; *de* : *we* 95, 7;
flie : *ye* 59, 15; *fle* : *hie* : *be* 41, 61, dazu *de* : *e* 132, 76.

Lancelot of the Laik: *ee* : *hee* 3139; *hye* : *hee* 425.

Wir werden sonach den Trojanerkrieg und die legenden frühestens
in das 15. jahrhundert setzen müssen.[1]

II. Ein weiterer, nicht minder wichtiger unterschied besteht darin,
dass die legenden und der Trojanerkrieg ganz gewöhnlich das franz. *u*
mit langem *u* reimen, während Barbere gleich den anderen schottischen
dichtern solche reime meidet und dieses franz. *u* lieber mit ursprünglich
langem *o* zu paaren scheint. Es ist allerdings schwer, über die reime,
in welchen franz. *u* nicht mit *u*, sondern mit *o* gebunden ist, ein sicheres
urteil zu gewinnen, vor allem aber ist es schwer zu entscheiden, ob auch
in den legenden tatsächlich solche vorkommen.

Eine erklärung dieser erscheinung scheint nicht allzu schwierig zu
sein. Denn ziehen wir in rücksicht, dass altes *o* und altes *u* trotz mannig-
facher übereinstimmung in der orthographischen darstellung durchaus
nicht im reime untereinander gebunden sind, beide aber sich zu franz. *u*
stellen, so können wir den schluss ziehen, dass die aussprache des letz-
teren lautes eine zwischen *u* und *o* in der mitte liegende war. Und
während in dem dialekte des einen dichters die aussprache des franz. *u*
dem *u* am nächsten lag, so war das gegenteil bei dem andern der fall.

1. Der grösseren klarheit halber wird es von nutzen sein, auch
einiges über die vielfach wechselnde bezeichnung der laute *o*, *u* und
franz. *u* beizufügen. Auslautendes ae. *û* ist *ow* (ou, ov), *ew* und *u* ge-
schrieben; z. b. Leg.: *now* i. r. : *þu* 8, 261 : *ȝow* 11, 507 : *trew* 10, 435 (von
der ae. form *trûwjan* herzuleiten) : *falow* 55, 175 : *bov* 140, 214 : *sorow* II,
103, 247; *hou* : *bou* 244, 1091; *trew* : *bow* 166, 433 : *dou* II, 9, 520; *now*
: *sow* II, 98, 1055 : *grew* (vgl. Mätzner, Wb. *gruen*), II, 168, 361 : *how* (ae.
hûfe) II, 109, 227.[2]

gewöhnt ist anzunehmen. Wenn Brandl gründe für seine schätzung an-
zuführen hat, so ist es zu bedauern, dass er dieselben nicht beigegeben.
Piakerton, Ancient scotish poems, 1786, bd. I, s. LXXXIX; Irving, Lives
of the Scotish poets, 1840, bd. I, s. 339 und Jamieson, vorrede zu Wallace,
1820, nehmen die mitte des 15. jahrhunderts an.

[1] Nachträglich habe ich könig Jakob's bekanntes gedicht 'The Kingis
Quair' verglichen. Dasselbe zeigt bei aller verschiedenheit der sprache die-
selbe eigentümlichkeit, welche wir im Bruce beobachten konnten.
Jakob I. starb 1437. Vgl. *heye* (hye) : *eye* 66. 110. 163 (strophe) : *nye* 77
: *to-wrye* 164, *eye* : *deye* 103 : *sye* (ae. *seah*, im Bruce und den legenden
ohne ausnahme *saw*) 159. Der reim *deye* : *pleye* : *weye* 86 ist selbst für
Bruce unmöglich, weil hier nur *play* und *way* gelten; er beweist aber
um so besser die diphthongische aussprache von *deye* und ähnlichen
wörtern.

[2] Der eigentümliche bildliche ausdruck *clarine how*, *glazene howve*
oder *houue of glas* findet sich auch sonst in mittelenglischen sprachdenk-

Rom. *u* im auslaut ist seinerseits *u, ow* und *ew* geschrieben und reimt auf langes *u* in den legenden und im Trojanerkrieg.

Leg.: *now* : *vertu* II, 64, 245 : *wertow* 8, 271 : *rew* 22, 575. II, 28, 115; *trew* : *wertu* 136, 939. 169, 635; *vertu* : *þu* 95, 231 : *ȝow* II, 53, 265 etc. Troj. II: *þow* : *waleue* 841; *now* : *superflue* 1251; *trow* : *wirtue* 1285. Auslautendes franz. *u* ist im Bruce dagegen nur mit sich selbst gereimt, z. b. *vertu* : *valu* 1, 371.

2. Lat. *ò* und *ū* vor *r* wird zumeist durch *ou* widergegeben. Leg.: *houre* : *saweoure* 27, 903 : *creatoure* 18, 257. 50, 213 : *emprioure* 81, 583 : *honoure* 71, 627; *towre* : *tratowre* 26, 813; *erroure* : *meroure* 27, 895 (**miratorem* für **miratorium*); seltener durch *u* oder *o*: *sawure* 125, 129; *succure* 151, 691; *doctor* 28, 957; *honor* 42, 794; *creator* II, 174, 175; vgl. *succure* : *floure* 151, 691.

Lat. *û* (franz. *u*) wird durch *u* bezeichnet: *cure* : *sepulture* 65, 255. 107, 463. 137, 981 : *sanvure* 125, 129 : *creature* 56, 193 : *assure* 126, 233; seltener durch *ou* oder *o*: *creatoure* 18, 257; *portratoure* 115, 75; *scoure* 157, 1219; *sepultore* 51, 253; *portratore* 101, 67.

Beide, *ou* und *u*, pflegen in den legenden und im Trojanerkriege auf einander zu reimen: *cure* : *houre* II, 175, 193 : *toure* 70, 577 : *laboure* II, 167, 313 : *honoure* 69, 533. 137, 963. 199, 577 : *emprioure* 80, 545 : *predecessoure* 202, 773; *sepulture* : *honoure* 119, 185. 120, 71; *nature* : *howre* 57, 283; *Injure* : *emperoure* II, 50, 40; *fygure* : *recowere* 57, 825.

Troj. II: *cure* : *honoure* 219 : *laboure* 541 : *tresoure* 1221; *sepulture* : *honoure* 981; *nature* : *houre* I, 545. 565; *cures* : *closoures*.

Die reime *cure* : *tresoure* Leg. 192, 83. 193, 106 sind ebenfalls hierher zu zählen. Man wird bei *tresoure* eine suffixvertauschung von -*oure* anstatt -*ore* annehmen dürfen; bestätigt wird dies durch die reime *tresoure* : *emperoure* 193, 112. 207, 327. Im übrigen hat *tresore* den regelrechten *o*-laut, *tresore* : *before* 55, 167. 193, 142. 195, 269.

Im Bruce kommt nur ein einziger reim franz. *u* : *ou* vor: *auentoure* : *succoure* 7, 69; und da weder auslautend, wie wir gesehen haben, noch sonst vor *r* analoge fälle vorkommen, so erklären wir diesen reim am leichtesten durch suffixverwechselung. Dieselbe ist auch in der schriftlichen darstellung des Bruce erkennbar; z. b. *auenture* : *discumfitur* 19, 627 und *auentoure* : *discumfitour* 20, 527. Bestätigt wird dies durch beobachtungen an anderen schottischen dichtungen.

Im übrigen sind die zahlreichen reime -*ure* und -*oure* im Bruce durchaus von einander gesondert, z. b. *aventure* : *vre* (*augurium*) 9, 68 : *endure* 2, 524 : *endentur* 1, 605; *creature* : *nature* 4, 223; *endentur* : *mesur* 1, 569. Das adj. *sture* reimt: *auenture* 12, 91 : *mesure* 10, 157 (vgl. Troj. *stoure* : *honoure* 197). Andererseits *hour* : *succour* 15, 255; *stour* : *walour* 1, 467; *valour* : *succour* 18, 107; *tour* : *recour* 2, 542; *nychtbur* : *compositur* 1, 87; *pure* : *discure* 4, 606 etc.

mälern, z. b. Piers Plowman (edit. Th. Wright, 1856) 435. 14266; Debate of the Body and the Soule in Mätzner's Sprachproben I, 99, 246; Legende vom papst Celestin, Anglia I, 67, 627; vgl. dazu Wright's und Mätzner's anmerkungen.

3. Was nun die reime franz. *u* : *o* anbetrifft, so haben wir uns zu halten an *forfur* (ae. *fŏr*) : *auenture* Bruce 10, 528; *forton* : *done* (ae. *dŏn*) 4, 648; *fortoune* : *soyne* (ae. *sŏna*) 15, 411. Die orthographie des lat. *fortuna* scheint darauf hinzudeuten, dass das wort eine dem Französischen fremde bildung angenommen hat; vgl. auch Troj.: *fortoune* : *hone* 2483 und Wallace: *fortoun* : *presoune* 3, 287.

Nachdem wir oben für den reim der legenden *tresoure* : *cure* eine erklärung versucht haben, wird die entscheidung, ob wir für die legenden franz. *u* : *o*-reime anzusetzen haben, von dem laute abhängen, welchen man für die reimsilbe des wortes *multytud* anzusetzen sich entschliesst. *multytud* : *stud* (ae. *stŏd*) Leg. 104, 299. II, 162, 310; Troj. 453; vgl. *execude* : *mude* (ae. *mŏd*) Troj. 613. Besonders zahlreich sind diese reime bei Wyntown: *multytude* : *mude* 8, 3989 : *gude* 4, 1359. 8, 4165 : *blude* 5, 3651. 3661 u. ö.; : *stude* 4, 819. 1889 : *yhude* 4, 1343.

4. Wir kommen auf obige bemerkung, dass altes *o* und altes *u* nicht reimen, noch einmal zurück. Beide vokale sind in der orthographie der mss. in vielen fällen nicht mehr unterschieden. Dies gilt besonders, wenn die konsonanten *n*, *m*, *r* darauf folgen, im auslaut und merkwürdiger weise bei voraufgehendem *w*. In solchen fällen steht ohne unterschied *o*, *ou* (*ow*) und auch *u*, während sonst im allgemeinen *u* für ae. *ŏ* und *ou* für ae. *û* festgehalten wird. Trotz dieser übereinstimmung reimen urspr. *o* und *u* nicht auf einander. In den grossen sammlungen stehen vereinzelt je einmal die reime: Leg. *done* (ae. *dŏn*) : *pollucioune* 64, 169; Bruce *doune* (ae. *dŏn*) : *confusioune* 11, 300. Dieselben können aber gegenüber den tausenden von regelmässigen reimen dieser endung nichts bedeuten als eine zufällig mit unterlaufende unregelmässigkeit. Von dem reim *tresoure* : *emperoure* ist früher gesprochen worden.

III. Ungemein auffällig in der orthographie der legendenhandschrift ist das wechselseitige schwanken der vokale *a* und *e*. Die unsicherheit im gebrauche derselben wirkt besonders störend auf das ansehen der reime ein. Doch sind dieselben, obgleich scheinbar die ungenauigkeit die allergrössste ist, im allgemeinen von sehr strengem gefüge und stehen dem Bruce durchaus nicht nach. Selbst offenes und geschlossenes *ee* im reime zu binden erlauben sich die schottischen dichter ebenso wenig wie Chaucer. Freilich ist, wenn man sich von dieser tatsache überzeugen will, mancherlei zu beobachten.

Wörter, welche in zwei verschiedenen gestalten auftreten, wie z. b. *þare* — *þere*, *ware* — *were* (ae. *wǣron*), *are* — *ere* (ae. *ǣr*), *answare* — *answere*, *prayare* — *prayere*, -*are* und -*ere* als comparativendungen, *þane* — *þene*, *was* — *wes*, *ʒate* — *ʒete* (ae. *geát*), *wrake* — *wreke* (ae. *wrecan*), -*hade* und -*hede* (ae. *hâd* in zusammengesetzten wörtern) sind von den schreibern an sehr vielen stellen vertauscht worden und daher in richtiger weise zu ergänzen.

Wörter mit offenem *èè* vor *r* werden der späteren aussprache gemäss mit *a* geschrieben, z. b. *fare* (ae. *feorr*), *nare* (ae. *neár*), *ware* (an. *werri*), *ware* (ae. *werjan*); *poware* und viele romanische und germanische wörter auf bildungssuffix -*ere*, welche meist -*are* geschrieben werden, jedoch

stets und ständig auf *-ere* reimen: *kepare, ledare, beggare, marynare* etc.
Ferner findet sich *stade* für *stede* (ae. *stede*); part. *rad* (ae. *rædde*), *lad*
(ae. *lædde*) u. a. für *red, led* etc., *gat* für *get* (ae. *gietan*), *sat* für *set* (ae.
gesette), *late* für *let* (verbalsubst. von ae. *lettan*), *lat* für *let* (ae. *lætan*),
hat für *het* (ae. *onhæted*), *wark* für *werk* (ae. *weorc*), *hard* (prät. und
part.) für *herd, zemsale* für *zemsele*, *-las* für *-les* in *saklas, raklas* u. a.,
laste für *leste* (ae. *læst*), *blast* für *blest* (ae. *blæst*), *-ast* für *-est* als super-
lativendung, *brath* für *breth* (subst.), *brak* für *brek* (ae. *brecan*).

Andererseits wird auch von den schreibern *e* für *a* in den reimen
gebraucht; z. b. das part. *stad* = hard pressed, placed in peril, welches
in unseren denkmälern nur diese angegebene lautliche geltung hat, wird
gleichwol oft *sted* geschrieben, eine form, welche anderen nördlichen
mundarten geläufig ist. Ferner *red* für *rad* (an. *hræddr*), *sete* für *sate*
(ae. *sæt* prät.), *gete* für *gate* (an. *gata*), *hete* für *hate* (ae. *hât*, verwechselt
mit dem obigen *onhæted*), *gef* für *gaf* (ae. *geáf*), *gles* für *glas, purches*
für *purchas, gest* für *gast* (ae. *gâst*), *leste* (verb.) für *laste*. Auch das *e*
in *trawel, batele, aparele* und anderen wörtern gehört nicht dem dichter
an; der mouillierte laut wird noch in der romanischen weise gesprochen
und reimen solche wörter weder auf *-el*, noch auf einfaches *-al*, sondern
nur auf mouillierten laut. Was die reime zwischen offenem und ge-
schlossenem *ee* anlangt, so ist vor allen dingen zu beachten, dass *lede*
(ae. *lædan*) nicht ausschliesslich, wie man erwarten dürfte, auf offenen
èè-laut reimt, sondern dass es schwankt. Dass dieser wechsel im reim-
gebrauch nicht etwa ein willkürlicher ist, sondern auf phonetischer grund-
lage beruht, lässt sich in gewissen nordenglischen reimgedichten beob-
achten, wo bei dem feinsten unterschiede zwischen *éé* und *èè lede* aus-
schliesslich mit *éé* gepaart ist. Auch dass *brede* (ae. *brædo*, vgl. das got.
braidei) den geschlossenen *éé*-laut hatte oder doch haben konnte, lässt
sich aus der gesammten nordenglischen wie schottischen literatur nach-
weisen. Merkwürdig und interessant ist ferner der unterschied, welchen
die sprache macht zwischen dem verbum *rede* legere, divinare, explicare
mit *éé* und *rede* consulere, jubere mit *èè*. Derselbe entspricht genau dem
von Zupitza (Guy, note 313) gemachten unterschiede zwischen dem starken
und schwachen verbum *rædan*. Ferner mache ich aufmerksam auf das
subst. *dele* mit *éé* in den verbindungen *na dele, ilke dele, sum dele* etc.
Dieses ist dem *del* zu vergleichen, welches Orrm im gegensatz zu *dale*
vorzugsweise in verbindung mit *summ* gebraucht. Das verbum *dele* hat
dagegen den regelrechten offenen *èè*-laut. Zu beachten ist auch, dass
zele (ae. *giét*) und *wele* (ae. *wel*) nur auf langes geschlossenes *éé* reimen
(jedoch *wele* = ae. *wela* mit *èè*); desgl. adv. *eke* = ae. *èc* (*èac*), *ene* =
ae. *èagan* und *clene* (ahd. *kleini*, vgl. an. *klên*). Einen schwankenden laut
repräsentiert schliesslich auch die ableitungssilbe *-ere* in romanischen wör-
tern (comparative reimen nur offen) und *-hede* in zusammensetzungen.
Es möge genügen, auf diese erscheinungen, welche in der gesammten
schottischen reimliteratur ihre bestätigung finden, hier einfach hinzudeuten.
Eine spätere ausführliche darlegung behält sich der verfasser vor.

Vergegenwärtigen wir uns alle diese orthographischen und dialek-
tischen eigenheiten, um daraus die überzeugung zu gewinnen, dass die

genauigkeit der reime in der tat als durchgreifende regel existiert, und ausnahmen nur dem scheine nach stattfinden, so sind wir in den stand gesetzt, einige charakteristische unterschiede zwischen den legenden und dem Bruce zu beobachten und zugleich dadurch berechtigt, denselben eine gewisse wichtigkeit beizulegen.

1. Ein sehr häufiges reimwort ist *þare*; bis s. 100 der legenden kommt es 80 mal im reime vor; es ist gebunden mit *mare* 9, 285 etc., mit *ware* (ae. *wǽre, wǽren, wǽron*) 16, 101 etc., mit *sare* 9, 303 etc., mit *lare* 22, 532 u. s. f. Die in der ganzen legendensammlung vorkommenden reime auf *þere* dagegen sind: *þere* : *ȝere* 213, 233 und *þare* anstatt *þere* i. r. : *manere* II, 36, 737, welche deshalb besonders auffällig sind, weil hier *þere* nicht wie im Bruce und anderswo mit *èè*, sondern mit *éé* gepaart ist (*manere* reimt nur ausnahmsweise mit *èè*, wie z. b. : *tere* 77, 327 : *were* [ne. war] II, 21, 652 gegenüber *manere* : *ȝere* 214, 329 : *beyre* [subst.] 56, 233 : *spere* (verb.) 60, 575 etc.).

Hiermit vergleiche man die *þere*-reime des viermal kürzeren Bruce: *þer* : *wer* (ne. war) 13, 405. 19, 519. 587. 20, 347 : *ger* (ae. *gearwe*) 18, 499 : *er* (ae. *ǽr*) 9, 542 : *spere* (ne. *spear*) 5, 635 : *affeir* 20, 89. Dazu *thar* anstatt *ther* i. r. : *bere* (verb.) 5, 575. Sämmtliche reimwörter haben ein offenes *èè*.

2. Die doppelgestalt des ae. *wǽron* wurde oben erwähnt. *ware* ist häufiger im reim als *were*, ersteres findet sich bis s. 100 der legenden 54 mal im reime, letzeres 19 mal. Die schreiber bevorzugen *ware*; sie setzen nur in sieben von den neunzehn *e*-reimen das richtige *were*, sonst *ware*. Alle reimwörter des *were* haben geschlossenes *éé* in den legenden, z. b. *were* : *heyre* 13, 655 : *apere* 34, 239. 73, 85. 84, 815 : *answere* 46, 1067 : *fere* (ae. *geféra*) 31, 7 : *clere* 76, 275; *ware* anstatt *were* i. r. : *sere* 76, 265. 73, 97 : *nere* 24, 653 : *apere* 88, 117. 9, 347. 60, 543 : *dere* 43, 867 : *ȝere* 98, 497 etc. Ein offenes *èè* ist im reime nie mit *were* gebunden. Man vergleiche damit folgende reime des Bruce: *wer* : *scher* (verb.) 12, 519 : *ber* (verb.) 1, 617. 5, 311 : *ger* (subst.) 5, 109. 15, 163. 18, 159. 165 : *sper* (subst.) 17, 379. 729 : *wer* (ne. war) 16, 503 : *er* (ae. *ǽr*) 4, 402. 13, 1. 83. 219 : *fer* (ae. *feorr*) 6, 273 : *effer* (subst.) 11, 242 (vgl. *effeire* : *were*, ne. war 10, 304. 16, 27 : *ere*, ae. *ǽr* 7, 29) : *baner* 2, 320. 12, 535. 14, 247. 17, 551 [vgl. *baner* : *ere* (ae. *ǽr*) 15, 177 : *wer* (ne. war) 15, 419. 16, 345) : *Wllister* 14, 97 (vgl. *Wllister* : *ther* 14, 81. 373]. Die zahl dieser reime des Bruce, in welchen *were* mit offenem *èè* gepaart ist, ist gross genug, um den gedanken an eine etwaige zufälligkeit nicht aufkommen zu lassen.

3. Dem dichter der legenden ist scheinbar nur eine form prs. pl. des verb. subst. geläufig. Alle reime deuten hin auf *are*; z. b. i. r. *mare* 10, 399. 15, 43 : *lare* 39, 567 : *care* 93, 95 : *ware* (ae. *wǽr*) 36, 325 : *quhare* 98, 529 : *er* anstatt *ar* 48, 81 etc.

Im Bruce findet sich des öfteren eine form *ere*, z. b. i. r. : *here* (adv.) 7, 243; *er* (ms. E) : *bere* (ae. *beran*) 20, 191. 215; *ar* (anstatt *er*) : *wer* (ne. war) 19, 183.

Der zweite dieser fälle scheint mir von besonderer bedeutung, denn bei der unzweifelhaft feststehenden genauigkeit der reime zeigt derselbe deutlich, dass ein so verschiedenartiger gebrauch eines wortes unmöglich von einem und demselben dichter herrühren kann.

IV. Wie viele sonst 'korrekt reimende me. denkmäler beispiele von
e : *i*-reimen aufzuweisen haben, so auch die legenden. Bruce und Trojaner-
krieg aber, welche solche reime gar nicht haben, zeichnen sich zu ihrem
vorteil vor den legenden durch genauigkeit in dieser beziehung aus.

Leg.: *he* : *hye* II, 9, 465; *cite* : *Ephysy* 207, 287; *wend* : *mynd* 128, 375;
kend : *fynd* 191, 983; *dewice* : *grece* (ae. *græs*) 83, 763; *blis* (ae. *blîðs*) : *dis-
tres* II, 11, 682 (aber *blis* anstatt *bles* = ae. *blîtsigan* i. r. : *leyndernes* M 744);
sene (part.) : *baptysine* (ms. *baptysing*) 32, 73; *preche* : *viche* II, 211, 1089.
Auch sonst kommt es wol einige male vor, dass *y* unregelmässigerweise
auf *u, a* oder *ay* reimt, wie z. b. *teyndir* (ne. *tinder*) : *wondir* II, 194, 71;
dyspisit : *oysit* (= *usit*) II, 192, 146; *wyis* : *Nicholas* 240, 844; *cry* : *say*
151, 757. Reime, welche mit leichter mühe durch umstellung korrigiert
werden können, sind selbstverständlich nicht mit aufgezählt.

Bedenkt man den grossen umfang der legenden, so ist die zahl
dieser unregelmässigkeiten immerhin eine kleine zu nennen, die ortho-
graphische darstellung der legenden allerdings zeigt uns eine grössere
zahl von *e* : *i*-reimen, doch wird es uns durch eine systematische ver-
gleichung ermöglicht, dieselben zu beseitigen. Das ae. *siððan* lautet *sene*
und *syne*, beide sind orthographisch vertauscht; *ded* steht für *did* (ae.
dide), *thred* für *thrid* (ae. *þridda*), *ʒit* für *ʒete* (ae. *giet*), *wite* für *wete*
(ae. *witan*), *gyf* für *gef* (ae. *giefan*), *lyf* für *lefe* (ae. *lifjan*), *printese* für
prentyse, *ewangele* für *ewangyle*, *twene* für *twyne*, *ʒeme* für *ʒime* (ae.
gimm), *parele* für *perile* (*periculum*), *threst* für *thryst* (ae. *þyrst*).

Bei der so tatsächlich erwiesenen genauigkeit dieser reime ist es
gestattet, eine eigentümlichkeit des Trojanerkrieges, wodurch sich der-
selbe sowol von den legenden als von Bruce auszeichnet, als charakte-
ristischen unterschied aufzufassen.

Im Trojanerkrieg steht gereimt subst. *stent* : *tent* (subst.) 1869 : *sacra-
ment* 577; verb. *stent* : *ine-continent* 1059. Bruce und die legenden kennen
nur das verb. und zwar mit *y*-laut. Br.: *stynt* : *dynt* 2, 139; Leg.: *stynt* : *tynt*
138, 60 : *hynte* 131, 561. 133, 743. 195, 289 : *brynt* 118, 175. 122, 193 u. s. f.

Ferner finden wir im Troj. prät. *brent* : *fundement* 907, daneben *brynt*
: *tynt* 1739. Br. und Leg. kennen nur *brynt*, Br. 5, 413. 13, 737 u. ö.; Leg.
brynt : *hynt* 134, 793 u. ö.

Schliesslich prät. *ment* i. r. : *went* Troj. 432, welches im Bruce nicht
vorkommt, in den Leg. aber *y* hat. Leg.: *mynte* : *hynte* 89, 183; *mynte*
(part.) : *tynte* 66, 299. II, 53, 245. Jamieson, Dictionary, trennt *mynte* von
mente, ob mit recht? Es ist notwendig, hinzuzufügen, dass in den Leg.
und im Bruce *-ent*-reime von diesen auf *-ynt* angeführten streng unter-
schieden sind; z. b. Br.: *went* : *sent* 9, 420. 10, 259 : *entent* 9, 372. 10, 566;
schent : *entent* 7, 614 etc. Leg.: *tent* : *entent* 240, 825 : *repent* 240, 881 : *con-
tent* 240, 791; *schent* : *buschment* 234, 319 : *vreyment* 125, 117 etc. Viel-
leicht ist über *strenth*, bezw. *strynth* dasselbe zu sagen, wie über die
eben behandelten wörter. Da aber andere reimwörter als *lenth*, bezw.
lynth daneben fehlen, lässt sich nichts entscheiden. Troj.: *strenth* : *lenth*
1233. 2969; Leg.: *lynth* : *strinth* II, 12, 9. II, 176, 265 u. ö. So können wir
also hier einen fall konstatieren, wo Bruce und Leg. übereinstimmen, ge-
meinsam aber vom Trojanerkrieg abweichen.

Es sei hier erwähnt, dass das ae. *præl* im Bruce reimt als *prell*, in den Leg. als *pril* (bei Wyntown als *prel* und *prall*). Bruce: *threll* : *tell* 1, 263.:273 (vgl *thryll* 1, 243. 251. 270). Leg.: *thril* : *til* II, 158, 107; *thrillis* : *unwillis*, 77, 373; *thril* 56, 202; *thrildome* 26, 866; *thrillmene* 28, 974. Wyntown: *threlle* : *dwelle* I, 5, 75; *thrall* : *all* I, 393, 3739.

V. Bekanntlich stammen die uns überlieferten manuskripte aus ziemlich später zeit; aus einer periode, in welcher die dem Schottischen charakteristische monophthongierung des diphthongen *ai* zu *a* sicher durchgeführt war. Die schreiber begnügten sich nun nicht, diese neuerung in ihre handschriften einzuführen, sondern liebten es auch, die einfachen, meist langen vokale *a, e, i, o, u* durch ein hinzugefügtes *i* zu diphthongieren, nachdem das *i* der wirklichen diphthonge für sie — man möchte sagen — ein blosser zierrat geworden war. Natürlich hatte jeder schreiber darin seine eigenheiten. So würde man z. b. die beiden schreiber des legendendenmanuskripts, auch ohne die hände zu kennen, durch ihren gebrauch in bezug auf das *i* mit geringer mühe erkannt haben. Geradezu störend wirkt dieser spätere einfluss auf das aussehen der reime, welches ganz fremdartig dadurch geworden ist, denn einfache und doppellaute scheinen regellos mit einander gepaart zu sein. Es möge genügen, hier einfach darauf hinzuweisen, dass mit ausnahme der noch zu erörternden wirklichen *a*: *ai*-reime alle solche abweichungen auf rein orthographische eigentümlichkeiten zurückgeführt werden können, und dass nicht etwa, wie man wol gemeint hat, lautliche nüancierungen in denselben zu suchen sind. Dabei ist zu berücksichtigen, dass das zahlwort *zwei* den ae. formen entsprechend sowol *twai* als auch *twa* lautet, obgleich nur in letzterer schreibung sich findend; ferner, dass das franz. *money* durch die auf die erste silbe verlegte betonung in zweiter silbe teilweise zu *moné* geschwächt wurde.

Brandl[1] hat in seiner besprechung von Horstmann's ausgabe — im Literaturblatt 1881, s. 398 — die ansicht geäussert, dass die reime *a* : *ai*, welche er im Bruce gefunden, den übergang von urspr. *ai* in *a*, welcher für die schottische sprache des 15. und 16. jahrhunderts so charakteristisch wird, auch schon für den dialekt des Barbere bestätigen. In der tat haben wir nicht das recht, entgegengesetzter ansicht zu sein, wenn auch z. b. Wyntown, der fast ein halbes jahrhundert nach Barbere dichtete und dessen werk fast auswendig gekonnt zu n en scheint, ganz frei ist von dieser erscheinung. Auch die reime des Thomas of Erceldoune bestätigen 'ebenfalls' die monophthongierung des *ai*. Andererseits hat der

---

[1] Brandl, welcher sich mehrfach mit der 'Barbourfrage' beschäftigt, hat zuletzt darüber im Anz. f. deutsches Alterthum XI, s. 334 gehandelt. Da ich mein manuskript, dessen druck sich lange verzögert, ein halbes jahr vor dieser publikation fertig gestellt hatte, so konnte ich mich nicht entschliessen, im einzelnen darauf einzugehen. Eine notwendigkeit dafür lag auch nicht vor, denn einmal hat Brandl hier wesentlich neues zu seinen früheren ausführungen nicht hinzugefügt, und zweitens konnte ich mich auch in punkten, wo unsere ansichten auseinander gehen, von der seinerseits vorgetragenen meinung nicht überzeugen. Das unten erwähnte versehen hat Brandl hier selbst korrigiert.

viel spätere Wallace nicht unverhältnissmässig mehr *ai* : *a*-reime aufzu-
weisen als Bruce. Brandl war der meinung, *a* : *ai*-reime kämen in der
legendensammlung nicht vor und glaubte ein gewisses argument in dieser
hinsicht aufstellen zu dürfen. Nichtsdestoweniger weisen die legenden
a : *ai*-reime ebenso gut auf wie der Bruce, so dass auf diesem gebiete
kein unterschied erkennbar ist.

Bruce: *wass* (ae. *wæs*) : *rass* (an. *reisa*) 3, 133; *vay* (ae. *weg*) : *ga* (ae.
gân) 10, 15; *way* : *þai* (ae. *ðâ*) 11, 402; *alsua* : *þai* (an. *þeir*) 2, 235. Zweifel-
haft mag es bleiben, ob nicht der dichter an letzter stelle das demonstra-
tive pronomen meinte, und ob nicht an vorletzter stelle eine verwechse-
lung des hinzeigenden und persönlichen pronomens vorliegt. Zu ver-
bessern ist der reim *fayne* : *gane* (hs. E *agayne*) 17, 895. Auch die reime
Thomas : *assayis* 14, 119 : *sais* 10, 352. 17, 285, deren weitere unregelmässig-
keit unter no. 2 erklärt werden wird, sind hierher zu rechnen.

Leg.: *say* (ae. *secgan*) : *ta* (an. *taka*) 93, 103; *ay* : *ma* (ae. *mâ*) 28, 993;
lay (norm. *lei*) : *sla* (ae. *slêan*) II, 66, 361; *la* (norm. *lei*) : *þai* (ae. *ðâ*) 69, 525;
ayre (norm. *heir*) : *care* (ae. *cerran*) 222, 289; *fare* (ae. *fæger*) : *hare* (ae.
hêr) II, 162, 21; *sane* (ae. *segnjan*) : *tane* 164, 261 (vgl. *sane* : *agane*, ae. on-
gegn 172, 122); *lad* (ae. *legde*) : *abad* (vgl. ae. *bâd*) 243, 999; *sad* (ae. *sægde*)
: *mad* (ae. *ma[co]de*) II, 26, 994. Was Brandl von dem reime *sa* (ae. *sec-
gan*) : *verray* 92, 53, welcher ganz korrekt ist, sagt, beruht wol auf einem
versehen. Dass *sa* eine analogiebildung zu prät. *sade* ist, kann ich nicht
glauben. Brandl wollte durch eine solche erklärung des einzigen — von
ihm gefundenen — *a* : *ay*-reimes das vorkommen derselben den legenden
ganz absprechen. Wahrscheinlich als unrein sind anzusehen die reime, in
denen *þame* (= an. *þeim*) mit kurzem *a* assonierend gepaart ist. *þame*
: *þane* 68, 467 : *wane* II, 206, 677. Während ich die oben aufgezählten
reime der Leg. für ursprünglich halte, finden sich noch eine anzahl ähn-
licher, welche der verbesserung fähig sind; mit leichter mühe herzustellen
sind z. b. *had* : *sad* II, 117, 105 (*he sad* zu streichen und *had* : *abade* her-
zustellen); *may* : *sa* II, 28, 152 (*sa* zu streichen; *may* : *say*); *wa* : *say* II,
26, 970 (*sa say* umzustellen, vgl. II, 67, 445. 117, 85).

Zur vergleichung gebe ich auch die *a* : *ai*-reime aus den hauptsäch-
lichsten dichtungen des 15. jahrhunderts. Dieselben fehlen bei Wyntown.

Wallace: *thar* : *far* (ae. *fæger*) 1, 153 : *fair* 6, 777 : *dispar* 1, 259 : *re-
payr* 2, 15. 5, 566; *bare* (ae. *bær*) : *ayr* 5, 600; *sar* : *repair* 4, 569; *fair* (ae.
faran) : *repare* 2, 380; *mar* : *par* (= *to impair*) 1, 13; *mair* : *dispayr* 7, 151
: *repayr* 7, 1291; *gaiff* : *dissaif* 6, 933.

Ratis Raving: *thaim* : *scham* 427.

Dunbar: *fare* (subst.) : *mare* : *repair* 19, 223.

Lancelot: *had* : *said* 2181; *maad* : *saade* 697. 1463; *care* : *dispar* 87;
prät. *bare* : *dispar* 891: *attane* : *complane* 125. 1017 : *mayne* 1025.

2. Anders als die bisher besprochenen *a* : *ai*-reime sind die folgenden
aufzufassen. Leg.: *has* : *mais* 170, 683. II, 93, 761 : *gais* 147, 389. 188, 791
: *clais* (ms. *clathis*) 127, 311; *Zazamas* : *tais* 146, 269; *ches* : *seis* 112, 349.

Hier ist der vokal *i* nicht teil eines diphthongen, sondern der an
einen vokalischen auslaut antretende vokal einer flexionsendung. Auch
mad : *grathi* 117, 67, worin schon nach no. 1 monophthongierung eingetreten

ist, gehört dahin; wir haben dafür einzusetzen *mad* : *grayd*. Dieses völlige
verschwinden der dentalen affricata findet auch statt in dem obigen reime
127, 311, wo wir im anschluss an das *clais* 73, 58 für das *clathis* des ms.
clais eingesetzt haben; vgl. die aussprache von ne. *clothes*. Ob wir anzu-
nehmen haben, dass der vokal der flexionssilbe in diesen fällen ganz ver-
stummte, ist zweifelhaft. Der flexionsvokal ist im Schottischen nicht allein
ohne ausnahme geschrieben, sondern wird auch durch die gesetze der
metrik auf das strengste erfordert. Vielleicht aber machte eine leichtere
aussprache desselben nach vokalen die faktische ungenauigkeit jener reime
für den dichter wenig empfindlich. Barbere macht von dieser kategorie
von reimen einen w e i t a u s g e d e h n t e r e n gebrauch. Es sind meist reime
auf *was*. *was* (ms. *wes*) : *gais* 5, 283. 569. 7, 239. 578. 8, 359 : *tais* 6, 221
10, 804. 13, 505. 16, 421. 17, 499. 861. 915. 18, 139. 347 : *mais* 7, 434. 11, 368.
17, 663; *chass* : *tais* 14, 445. 6, 435; *cass* : *tais* 12, 1. 16, 459; *raiss* (= *rase*.
: *mais* 6, 233 : *gais* 7, 342; *has* : *gais* 9, 75; *Douglas* : *tais* 15, 339. 18, 305. 315.
19, 555; *grathit* : *laid* (ms. E *layit*) 5, 387; vgl. auch die citierten reime
auf *Thomas* unter no. 1.

Die endung -*is*, welche in diesen reimen die hauptrolle spielt, ist
zumeist personalendung des präsens. Durch die häufige verwendung des
präsens am versschlusse werden wir auf die eigentümlichkeit Barbere's
aufmerksam gemacht, in sätzen, deren tempus vollständig der vergangen-
heit angehört, ein präsens zu gebrauchen, wenn es die leichtigkeit des
reimes fürdert; z. b.: *The myddis of the toune he tais,* | *With that neir
cummand war his fais* 15, 167; oder *And syne lap on and furth thai
fair* 13, 600 etc.

Die widerkehr dieser erscheinung ist so häufig und schablonenmässig,
dass man nicht behaupten kann, sie sei ein vorzug der poetischen dar-
stellung an schwunghaften stellen, wenn sie auch keineswegs in der art,
wie sie gehandhabt wird, als nachteil empfunden werden kann. Was die
legenden anbetrifft, so gehören weder die oben citierten fälle dieser manier
an, noch habe ich auch sonst irgend derartiges auffinden können.

Die legenden dagegen setzen, wenn sie die einfache verbalform —
und nicht das präteritum — im reime brauchen, *cane* = *gane*, ae. (*on*)-
gann mit dem infinitiv des verbums; ebenso der Trojanerkrieg, weshalb
ich in dem einzig für sich dastehendem falle: *Thai lap one horss and
furth þai faire* Troj. 2638, *gane* für *þai* einsetzen möchte.

Barbere bedient sich dieses *cane* ü b e r a u s s e l t e n im verhältniss
zu Leg. und Troj., welche hierin übereinstimmen.

3. Einen wesentlichen unterschied zwischen Bruce und Leg. finden
wir in der behandlung des wortes *slayne*. Wenn wir für dieses part.
auch eine form *slane* finden, so ist nicht eine monophthongierung die
ursache derselben gewesen. Dass vielmehr beide formen organisch neben
einander existieren, hat Zupitza im Guy of Warwick gezeigt.

Während wir aber im Bruce 24 sichere reime mit *slane* finden, kennen
die legenden nur *slayn*. Dass dies nicht zufällig sein kann, wird jeder-
mann zugeben müssen. Bruce: *slane* : *tane* 2, 528. 5, 451. 12, 79. 14, 79.
225. 447 etc. : *ane* 12, 507. 20, 469 : *Ilkane* 3, 21. 12, 71 : *nane* 8, 487. 10, 616
: *slane* 6, 255 : *gayn* (ae. *gân*) 2, 79. 544. 10, 249. — Auf *ay* reimt *slayn*

ziemlich selten, z. b. *slayn* : *mayn* 6, 261; sehr viel jedoch auf *agayn*, z. b. 3, 37. 217. 451 (vgl. *slane* : *agane* 4, 93 etc.) und da auch dieses auf *a* reimt, so kann man über die natur dieser reime im zweifel sein; *agane* : *tane* 14, 469. 10, 133, das gewöhnliche ist allerdings *agayn* : *mayn* 2, 494 : *fayn* 2, 498; *agane* : *pane* 4, 163 u. a. Die Leg. haben ausschliesslich *slayn*, z. b.: *slane* : *payne* 19, 311. 23, 641. 37, 419. 239, 725 : *mayne* 76, 241 : *fane* (ae. *fægen*) 38, 515. 75, 227 : *agane* 38, 497. II, 21, 630. 235, 381 u. s. f.

4. Zu den flickwörtern, welche der Troj. in massen verwendet, während sie Br. und Leg. entweder ganz oder fast gänzlich unbekannt sind, gehört *certayn* — *certane*. Beide formen sind im reime gebraucht, z. b.: *certane* : *ane* : *tane* 1785. 1997. 2088. 2234; *certeyne* : *ageyne* : *peyne* : *Eleyne* : *slane* 104. 130. 704. 1312. 1422. 2591. 2136; *certanys* : *cylezanis* 673; *certeynis* : *remanys* 1027. Im Bruce kommt dies wort im reime nicht vor, in den Leg. nur als *certane* i. r. : *playne* 181, 353.

VI. Brandl hat auf grund der *a* : *o*-reime, welche er im Bruce und in den Leg. gefunden, den organischen übergang von *a* nach *o* für den dialekt Barbere's angenommen. Auch vermutet derselbe, dass die grössere anzahl der *a* : *o*-reime in den Leg. durch einen fortschritt der lautentwicklung innerhalb der abfassungszeit des Bruce und der Leg. zu deuten sei. Diese ansicht ist von Edw. Schröder, Anz. f. deutsches Alterthum XI, 279, durch die bemerkung widerlegt worden, dass der Trojanerkrieg, welcher nach Horstmann ein jugendwerk Barbere's ist, verhältnissmässig mehr *a* : *o*-reime zählt als Bruce und die legenden. Ueber diese klasse von reimen habe ich mir folgende ansicht gebildet.

1. Das *po* in *po* : *do* 182, 415 kommt überhaupt nur an dieser stelle vor, ist also zum mindesten zweifelhaft und lässt auch in bezug auf seinen ursprung keine unbedingte angabe zu. In dem reime (*quha tent wil*) *to* : *do* II, 12, 3 ist *to* nicht das verbum *ta* — an. *taka* der sehr gebräuchlichen redewendung *to ta dent*, sondern die präp. *to* = ae. *tô*. Das fehlende *ta* ist vor *to* einzuschalten nach der vollständig analogen stelle: *quhene we tent ta to* (: *do*) 190, 971.

2. *Nero* : *go* = ae. *gân* 16, 69. Dass eigennamen ganz besonders unzuverlässig für reimbedingungen sind, lässt sich unschwer nachweisen. Sie reimen u. a. oft auf geschlossenes, oft auf offenes *ee*, teils auf langen, teils auf kurzen vokal und schwanken auch in den vokalen. Zudem lässt sich dies durch eine interessante parallele mit Wyntown veranschaulichen. Hier reimen eine ganze reihe von eigennamen auf -*one* = ae. *ân*, während im übrigen kein *a* : *o*-reim (ausser dem allen geläufigen *before* : *more*) vorhanden ist. *one* : *Jhon* 8, 4485; *allone* : *Jhon* 9, 4371; *onone* : *Jhon* 8, 1969. 6835 u. ö.; : *Symeon* 2, 395 : *Eglon* 3, 87 : *Sampsone* 3, 109. 261. 387 : *Salamon* 3, 665 : *Babilone* 3, 745. 4, 197. 299 u. ö.; : *Macedone* 4, 629. 1711 u. a. Hiermit vergleicht sich Bruce: *Jhone* : *ilkone* 11, 382.

3. Es wäre fraglich, ob nicht neben der form *onane* aus ae. *on ân* auch ein *onone* existierte, dessen *â* sich dem voraufgehenden *o*, zumal beide vokale zu einem gleichartigen konsonanten gehörten, assimilierte. Dies wäre zugleich eine erklärung der reime: *one* - *ane* : *sone* Leg. II, 179, 123; *one*-*one* : *sone* II, 91, 593 (II, 196, 235?). Wenn in der tat ein

übergang von *a* nach *o* vor *n* stattgefunden hätte, so müsste es doch zum mindesten auffällig erscheinen, dass in der ganzen grossen legendensammlung nur ein einziger zweimal widerkehrender beleg sich finden sollte. Der reim *one-one* : *Dyone* 32, 87 findet seine erklärung durch *one-ane* : *Dyane* 57, 299. Im Bruce begegnen ähnliche reime nicht. Vgl. Troj. II, 2439 *ones* : *wones*.

4. Edw. Schröder gibt den reim *ane is* : *personis* 67, 389, wobei derselbe vergisst, dass *persôna* nicht *persone*, sondern *persoune* ergibt. Ueberdies verlangt der rhythmus *personis* : *is*.

5. Das präteritum des ae. verb. *cuman*, obwol ausnahmslos *come* geschrieben, ist, wo es im reime vorkommt, stets mit altem *a* gepaart: *come* : *name* 166, 395. II, 195, 149 : *hame* (ms. *home*) M 231. Ausserdem assonierend *become* : *ane* (ms. *one*) II, 58, 635. Wir haben die wahl, anzunehmen, dass das prät. trotz der schreibung *come* überhaupt *came* lautete, oder dass obige reime verlegenheitsreime sind und sich der nebenform *came* zur aushilfe bedienten. Im Bruce kommt *come* im reime nicht vor. Im Troj. *came* II, 155 (CD), sonst nur *come*.

6. *gowe* : *cawe* 206, 247. Im gegensatz zu Horstmann, welcher *cowe* verbessert, ist mir die änderung *gawe* wahrscheinlicher. Aus an. *gapa* sind möglicherweise zwei formen, *gawe* und *gowe*, abgeleitet (das ae. *gôwan*, welches neuerdings vorgeschlagen ist, hätte unbedingt einen diphthong ergeben müssen). Siehe *gowe* i. r. : *lowe* II, 127, 467 (Ninian). *gowe* ist die einzig begegnende orthographie; z. b. *gowe* II, 87, 316; *gowand* II, 48, 852; *gowit* 207, 329. II, 203, 482. Barbere gebraucht das wort überall nicht.

7. Der reim *thorne* (inf.) : *borne* (part.) 129, 443 ist durch eine starke entstellung der betreffenden strophe entstanden; vgl. *tharne* : *barne* (subst.) 212, 188. Vielleicht war dem schreiber das wort *tharne* nicht mehr geläufig und veränderte er die verse 443/444 nach seinem gutdünken. Man lese: *And sho þe lyf allace can tharne | Fra þat borne wes þat ilke barne*.

8. *bischope* : *ʒape* 57, 318. 58, 375. II, 91, 591 : *eschape* 71, 661. *bischope* hat, wie schon im Altenglischen, einen durchaus unbestimmten und schwankenden laut in der unbetonten (reim-)silbe. *bischape* 113, 392. 126, 192. 208, 357. 233, 254. 235, 432; *byschope* 208, 347. ?36, 451; *byschepe* 233, 244. 237, 520. Ausserdem kann auch *ʒape* einen doppelten laut haben.

9. Der reim *more* : *before* ist Bruce, Leg. und Troj. in gleicher weise geläufig. Zur erklärung desselben wird ein einfluss des *r* anzunehmen sein; vgl. Br. 10, 199. 12, 299; Troj. I, 227. II, 1885; Leg. 206, 225. 231, 107. *mare* : *before* M 267, vgl. *more* : *Machor* M 1215; lateinisch ist der name *Macharius*.

Die einwirkung des *r* auf die tonhöhe der vokale ist eine bekannte erscheinung in der englischen phonetik.

Im allgemeinen wird man hiernach behaupten können, dass ein organischer, unbeeinflusster übergang von *a* nach *o* mit sicherheit nicht nachzuweisen ist, und dass in dieser hinsicht ein unterschied zwischen Bruce und Leg. nicht festgestellt werden kann.

VII. Höchst merkwürdig ist der reim *wallis* : *schawis* Troj. 1717, welcher das dort zweimal ausserhalb des reimes vorkommende prät. *staw*

= ae. *stœl* 2067. 2700 bestätigt. Aus Bruce und den Leg. ist eine derartige vokalisation des *l* nicht zu belegen. Man vergleiche aber die reime des Wallace: *saw* : *befaw* 2, 370 : *faw* 4, 39 : *waw* 4, 235; *law* : *caw* 7, 433; *daw* : *caw* 5, 321; *draw* : *smaw* 5, 812; *faw* : *knaw* : *raw* : *saw* 2, 209. Daneben *befall* : *call* 4, 51; vgl. *caw* (= *call*) : *aw* (= *all*) 7, 521.

VIII. Reime zwischen kurzen und langen vokalen pflegen im allgemeinen nicht erlaubt zu sein; auch in unsern denkmälern beschränken sich dieselben auf wenige bestimmte fälle. Doch müssen wir uns dabei gegenwärtig halten, dass das prät. und part. *had* sowol langen als kurzen laut hatte, eine erscheinung, welche dem Schottischen speziell eigentümlich zu sein scheint; ferner dass *stede* (ae. *stede*) teils kurzen, teils langen offenen laut hatte. *was, wes* und substantive auf *-nes* reimen kurz und lang. *Is* (3. pers. sg.) und *-is* (flex) reimen bemerkenswerter weise nur auf langen vokal. Besonders merkwürdig auch sind die reime, in denen inf. prät. und part. *set* mit langem offenem *èè*-laute gepaart sind; dieselben sind allen schottischen denkmälern eigen und bedürfen noch einer ausreichenden erklärung.

Die eigentlichen, als unregelmässig aufzufassenden reime zwischen kurzen und langen vokalen beschränken sich im Bruce und Trojanerkrieg auf die endung *-yne*. Die legendensammlung aber hat solche reime auch in anderen endungen verwant.

Bruce: *vyne* : *thar-in* 15, 93; *tyne* : *with-in* 1, 107.
Troj.: *tyne* : *vith-Ine* II, 235; *syne* : *witht-Inne* II, 647.
Leg.: *syne* (adv.) : *pine* (adv.) 117, 117; *virgine* : *Ine* 150, 651; vgl. *vergine* : *lyne* II, 57, 518. Dazu in den Leg.: *lane* : *mane* M 1437 : *lemmane* 223, 349 : *womane* II, 37, 783. II, 43, 399; *fane* : *womane* 233, 272; *sone* : *one* 51, 271; *hale* : *sall* 17, 143. 151. 218, 27. II, 159, 185. Vgl. *hele* : *fell* 56, 215, wo ich *fell* nicht als rom. *fel*, sondern als ae. *fela* fasse.

IX. Wir kommen jetzt auf die schon in der einleitung erwähnten reime der legenden zurück, welche bekunden, dass es dem dichter wenig um die künstlerisch vollendete form derselben zu tun war, während er doch die stereotypen widerholungen besser zu vermeiden wusste als Barbere. Dahin gehören die reime der flexionssilben und anderer unbetonter endungen. Im Bruce begegnet uns nur ein einziger solcher reim: *gruchis* : *his* 2, 123.

1. Als reimsilbe fungiert plur. des nom. *-is*: *is* : *sanctis* 237, 526 : *stanis* 56, 275 : *prophettis* M 1625 : *personis* 67, 389 : *ness-thrillis* 87, 51; *pis* (ms. *pus*) : *templis* 118, 129; *wyse* : *partyse* II, 201, 276.

2. Adv. gen.: *ellis* : *neuirpelése* 77, 321.

3. Dritte pers. sg. präs. ind. *-is*: *is* : *risis* 8, 263 : *entysis* II, 190, 61 : *excedis* M 1325; *blis* : *garnis* II, 167, 343 u. s.

Im gegensatz hierzu mache ich auf solche weibliche reime aufmerksam, in welchen die flexionssilbe *-is* nicht stumpf reimt, sondern wo eine betonte silbe im reime vorhergeht. Leg.: *fichtis* : *mychtis* II, 71, 753; *cronis* : *renone is* II, 3, 15; *stanis* : *aneis* II, 3, 1. Bruce: *pailzownis* : *toune is* 3, 239; *mastis* : *fast is* 17, 715.

4. Prät. schw. verb. *-it*: *louit* : *blyssit* M 87; *It* : *kepyt* II, 160, 209
: *halowyt* 202, 757 : *fulfyllyt* 136, 959 : *distroit* II, 70, 673 : *hapnyt* M 517;
wryt : *leyryt* 119, 27; *wyt* : *confundyt* 104, 205. Da solche reime im Bruce
nicht vorkommen, lässt sich nicht nachweisen, ob Barbere *-it* oder *-id*
sprach. Das ms. schreibt meistens *-it*.

5. Part. prät. st. verb. *-ine*: *chosine* : *kyne* 29, 1039; *goltyne* : *pine*
213, 217; *forgyffine* : *syne* II, 81, 175.

6. Die endung *-ine*: *dekine* : *wyne* 220, 105; *hewyne* : *hyne* II, 177, 355;
sewine : *elyne* (ms. *elyne*, vgl. Jamieson, Scot. Dict. *allyns*) 209, 417. Eine
starke vokalische abweichung des reimwortes kommt hinzu: *madine* : *li-
kâne* II, 175, 233; *ewyne* : *agane* II, 78, 327.

7. *-ir*: *fadir* : *modir* M 461; *systire* : *hyre* 32, 85; *hyre* : *octobyre* (ms.
octobre) II, 79, 357. Man vergleiche hiermit den wahrscheinlich klingenden
reim *vatire* (ms. *vatere*) : *at hire* (ms. *athire*) 139, 103.

8. *-il*: *til* : *appostil* 32, 93. 63, 105 : *coapostil* (ms. *coapostol*) 124, 49
: *discipill* 101, 101 : *kirtill* 58, 369; *will* : *pupill* (ms. *puple*) 71, 671; *fel* : *tempil*
II, 70, 671; *wele* : *dewil* II, 55, 371; *wile* : *horribyle* 25, 774 u. a.

Im Bruce kommen diese schwach betonten endsilben im reime nicht
vor. Auch comparativ- und superlativendungen, welche in den legenden
nicht selten im reime stehen, finden sich im Bruce nur je einmal: *gre-
vousar* : *fer* 10, 636 und *worthiest* : *brest* 2, 352.

X. Rührende reime kommen nur in den legenden vor. Bruce 18, 835
be (: *be*) ist nach ms. E in *ƺe* zu verbessern; *se* : (*se*) 19, 669 in *he*.

1. Leg.: *I* : *I* II, 174, 157; *me* : *me* II, 179, 129; *It* : *It* 83, 713; *þe* : *þe*
125, 175. II, 11, 679. II, 16, 241. II, 33, 531. II, 173, 65 u. ö.; *do* : *do* 95, 245;
did : *did* (ms. *ded*) II, 20, 536; *pure* : *par* 108, 59; *now* : *now* 133, 721; *swa*
: *swa* 111, 263; *sene* : *sene* (adv.) 178, 188; *arc* : *ayre* (adv.) 231, 117; *wryt*
: *wryt* (subst.) M 559; *mocht* : *mocht* (prät.) 101, 71; *wele* : *wele* 223, 385 u. a.

2. Vereinzelt kommen auch im Bruce wörter gleichen ursprungs und
verschiedener bedeutung oder solche, welche verschiedenen wortklassen
angehören, im reime gepaart vor. Bruce: *thar* : (*heir and*) *thar* 9, 196;
ane and ane : *mony ane* 8, 429. In den Leg. weit öfter: *way* : *na-way* II,
171, 603; *gat* : *þus-gat* 61, 617; *al* : *par-with-al* 22, 551; *to* : *þare-to* 170, 19;
but mare : *no mare* 88, 87; *athir withire* : *þe tothire* M 1275; *parte* (verb.)
: *parte* (subst.) 20, 431; *ƺeld* (verb.) : *ƺeld* (subst.) 158, 1344 u. a.

3. Auch reimpaare von homonymen kommen, wenn auch selten im
vergleich mit den Leg., im Bruce vor. Bruce: *her* (verb.) : *her* (adv.) 5, 543;
weir (verb.) : *weir* (subst.) 16, 495. 499. Leg.: *se* : *se* 108, 03. 234, 305; *sek*
(verb.) : *sek* (subst.) 171, 55; *mak* (subst.) : *mak* (verb.) 210, 13; *here* (adv.)
: *here* (verb.) 140, 183; *fere* (subst.) : *fere* (adj.) 219, 99; *hyd* (subst.) : *hyde*
(verb.) II, 67, 453; *sene* (adv.) : *sene* (part.) 228, 701; *vyse* (subst.) : *wise* (adj.)
78, 383. 128, 397 u. a.

XI. Assonanzen, in den legenden zahlreich vertreten, finden sich
weder im Bruce noch im Trojanerkrieg. Aus der unten gegebenen syste-
matischen zusammenstellung wird ersichtlich, dass sich die assonanzen
auf ganz bestimmte gebiete beschränken und innerhalb gewisser grenzen

mit grosser regelmässigkeit aufgebaut sind. Es beweist dies, dass der dichter dieselben nicht nur aus verlegenheit oder in zufälliger weise gebrauchte, sondern dass er sich ihrer in der reimtechnik berechtigten stellung wol bewusst war. Um so mehr müsste es auffallen, hätte der in der dichtkunst ergraute Barbere in seinem letzten werke auf assonanzen zurückgegriffen. Eine assonanz des Bruce, *bretane*: *hame* 18, 473, darf ohne einfluss auf unsere beurteilung bleiben, einmal, weil eigennamen überaus unzuverlässig für reimbestimmungen sind, und zweitens, weil in diesem falle zu der konsonantischen noch eine vokalische abweichung hinzutritt (*Bretain*).

1. *m* : *n*. *name* : *tane* 146, 251 : *nane* 121, 77 : *ane* 122, 125 : *one-ane* II, 168, 393. II, 181, 255 : *payane* 194, 184 : *lane* 244, 1110 : *stane* 220, 155 : *fane* II, 154, 253; *hame* : *nane* 128, 387 : *gane* 177, 125; *fame* : *ane* II, 18, 412; *frame* : *tane* II, 111, 815; *schame* : *alane* 148, 449; *lycame* : *womane* II, 46, 675; *queme* : *bene* 143, 7. II, 115, 657; *deme* : *sene* 226, 556; *seme* : *clene* 221, 189; *Jerusalem* : *mene* 22, 529 u. ö.; *Bethleeme* : *pene* (ms. *pane*) 131, 611; *hyme* : *gyne* 173, 227 : *syne* 48, 1107. 149, 547. II, 166, 275 : *myne* 185, 615 : *wyne* 81, 615. 186, 680 : *blyne* 217, 474 : *Ine* 19, 290. 185, 793 : *kyne* 31, 53. II, 5, 153 : *bryne* 41, 723 : *Constantynopolyne* 120, 73; *tyme* : *skine* II, 112, 407; *tyme* : *declyne* 145, 165 : *Maximyne* 126, 191. 137, 969 : *lyne* 141, 277; *pylgrime* : *fyne* 132, 681 : *pyne* 153, 899 : *myne* 149, 563; *baptyme* : *pyne* : *syne* II, 164, 119. 133; *Rome* : *done* 15, 65 : *howne* 26, 804 : *alsone* 217, 505; *pame* (= *paim*) : *fayne* 209, 453. 188, 835 : *slane* (= *slain*) 18, 223. II, 106, 11 : *plane* (= *plain*) II, 199, 113; *ourcumyne* : *runnyne* 157, 1287; *barne* : *harme* II, 65, 313; *barnys* : *harmys* 54, 67; *storme* : *morne* II, 193, 234 u. a. m.

2. *ng* : *nd*. *lange* : *fand* 162, 161 : *vndyrstand* 164, 281 : *prechand* II, 124, 253; *dange* : *hand* 31, 43 : *wand* II, 184, 197 : *ganand* II, 192, 196; *sang* : *gangand* M 75 : *schenand* II, 184, 173; *thrange* : *plesand* 126, 227; *wrange* : *hand* II, 28, 135; *ymange* : *schenand* II, 156, 327; *bynd* : *kinge* 165, 383 : *thrynge* (ms. *thrynde*) 6, 85; *fynd* : *lowynge* 170, 686; *bundyne* : *thrungyne* II, 107, 45. II, 190, 43; *fundyne* : *flungyne* 19, 345 u. a.

m : *nd*. *lame* : *hand* II, 89, 449.

n : *ng*. *pare-in* : *rynge* II, 156, 379; *wynis* : *thingis* II, 75, 83.

n : *nd*. Nur im Ninian *pane* : *farand* 193.

Doch darf man nicht solche reime wie *clethinge* : *syne* 154, 991, *carpynge* : *pyne* 206, 223, *persawyng* : *schyne* M 375 etc. hierher zählen, denn die verbalsubstantiva auf -*yng* haben häufig das *g* abgeworfen und den langen *i*-laut angenommen, vgl. *fyne* : *admonestine* 130, 534 : *blyssine* 235, 379; *cumlyne* : *syne* 13, 649 und assonierend *tyme* : *wynnyne* 234, 347. Auch Bruce zeigt dieselbe erscheinung: *murnyng* : *syne* 20, 569; *leding* : *Brechyne* 9, 120 neben *fechtyn* : *syne* 3, 243; *hapnyne* : *tyne* 12, 373; *commandyne* : *syne* 1, 255; *hontyne* : *syne* 4, 512.

In der heutigen schottischen sprache ist *d* und teilweise auch *g* hinter *n* verstummt; vielleicht haben wir daher in obigen reimen einen anfang dieser erscheinung zu suchen. Der umstand, dass Barbere sie nicht hat, wäre dann um so wichtiger für die trennung der beiden denkmäler.

3. Es reimen mit einander die drei verschlusslaute *p*, *k*, *t*.

p : k. grape : tak 129, 459; *kepe : spek* II, 174, 139 : *eke* 240, 833; *seke : depe* 173, 217 : *crepe* 230, 41; *lopyne : brokyne* 180, 301.

k : t. gat : swak 12, 585 : *spak* 179, 235; *wat : strak* 16, 115; *fet : mek* II, 189, 181 : *seke* II, 193, 957; *speke : tret* 3, 59; *pyk : It* 169, 557; *strikine : vittine* 194, 160; *bruk : par-owt* 213, 239.

p : t. pape : fut-hat 215, 387; *kepe : swet* 212, 141; *slepe : complet* 190, 923 : *fet* 231, 121; *helpe : belt* 138, 69; *depe : vet* 147, 403; *Egype : knyt* 102, 129 : *It* 153, 921. Der reim *Egypt : translat* 160, 1467 ist zu korrigieren in *Egype : translatit*. Dass *Egype* ohne *t* gesprochen wurde, zeigt auch der reim *Egype : schype* 148, 473, vgl. *Egypt* 160, 1467.

4. Es assonieren die affricaten *p : f. rathe : forgafe* 125, 125 : *craf* 61, 605; *bath : gafe* 219, 45; *grapit : consawit* 130, 543; *self : welth* II, 5, 197. II, 205, 565 : *suelth* II, 76, 177; *suth : profe* 235, 391. Vielleicht liegt eine ähnliche assonanz vor in Troj. I, 499 *hewide : wrydc* (= *wrepit*?).

5. Der reim wird ungenau durch ein in einem reimwort fehlendes *r*. Es ist dies um so merkwürdiger, als ja bekanntlich das schottische *r* seinen vollen konsonantischen charakter gewahrt hat, im gegensatz zum dem vor konsonanten vokalisierten englischen *r*. *large : herytage* II, 116, 21; *swiorne : done* 60, 498; *forthir : wthyre* 126, 207; *furthir : bruthyre* 220, 167; *firste* (adv.) : *liste* II, 80, 49 : *leste* 5, 167 : *liste* (subst.) 73, 47 : *kyste* 104, 275 : *wyst* 178, 191 : *ryst* 206, 263 : *reste* 157, 1241. 222, 303. Vgl. das subst. *fryst* l. r. : *wyst* 196, 363. II, 152, 69, geschrieben *firste, fyrste* i. r. : *reste* M 1389 : *wiste* M 261. Der reim *woce : corse* 37, 414 wird erklärt durch *voice : croice* 40, 653. II, 14, 151 (vgl. neuengl. *cross*, neuschott. *corse*). Vgl. *in : byrne* 26, 805 mit *in : bryne* 41, 711. Den reim *with : fyrth* 171, 75 lasse ich unentschieden; neuschott. *fyrth*, neuengl. *frith*.

6. *sch : s. flesch* (ae. *flǽsc*) : *ves* 4, 81. 30, 1131 (ms. *was*) : *lese* 27, 917 : *nocht-pe-les* 141, 281 : *witnes* 4, 63 : *-nes* 64, 171. 144, 157. 152, 819. II, 100, 5. II, 136, 1255 u. ö.; *refresche : access* II, 112, 425 : *ves* (ms. *vas*) 198, 531; *wesche : wes* (ms. *was*) II, 37, 781; *desche : pis* II, 89, 519 u. a.

Wie im Neuschottischen häufig ein einfacher *s*-laut einem englischen *sh* gegenübersteht, so ist es wol möglich, dass auch in der älteren sprache schon ae. *sc* durch ein *s* vertreten war. Dem entspricht die schreibung *fles : les* 100, 3, *refres : wes* (ms. *was*) 222, 291, *fres : wes* II, 49, 865, *fress : wilfulnes* II, 10, 534. Hiermit vergleicht sich *perice* (ne. *perish*) : *wyse* 124, 75 und Bruce *russ : refuss* 12, 527.

7. *d* reimt auf *t* in *did* (ms. *dede*) : *prechit* II, 48, 801; *hewyd : lewyt* 220, 165. 14, 719 (ms. *hed*), II, 90, 559 (ms. *lefid*); *did : It* 115, 85; *Inde : nynte* 86, 3. Vgl. die unsichere orthographie in *feryd : speryt* II, 198, 51, *herde : answert* II, 88, 359, *reward : eftirwarte* 146, 253 neben *rewarde : eftirwarde* 229, 3. 237, 548 u. a.

Ausser den genannten kommen assonanzen nicht weiter vor. Was reime anbetrifft wie *eth : techt* 184, 535, *blythe : alswycht* 138, 73 : *alsuyth* II, 42, 361 : *wricht* u. s. w., so haben wir in dem -*cht* nur eine modifikation der schreibung von -*th* zu sehen. Den grund für diese verwirrung darf man höchstwahrscheinlich darin sehen, dass *t* sowol abkürzungszeichen für *cht* als auch für *th* war. Da auch die buchstaben *c* und *t* sich sehr ähnlich sahen, so wurde *ch* statt *th* und umgekehrt, und *tht* statt *cht* gelesen. Eine folge diese verwirrung war, dass auch den einfachen lauten *ch* und *th* ein *t* angehängt wurde. Auch reime wie *nlle* (= *vul*) : *oute* 57, 349, *nll* : *about* 228, 705, *walk* (= *wak*) : *mak* 33, 155 : *sak* M 1583, Bruce: *valk* : *lak* 7, 179 erklären sich dadurch, dass ein unorganisches *l* eingeschaltet wurde.

XII.

Wie in der einleitung erwähnt wurde, existieren in der legendensammlung gewisse wörter, welche nur im reime vorkommen, deren bedeutungen aber im allgemeinen durch synonyma vertreten werden. Da Barbere kein einziges derselben kennt, so ist diese tatsache nicht zum wenigsten dazu geeignet, Bradshaw's ansicht von der autorschaft der legenden zu erschüttern. Merkwürdigerweise kommen solche wörter (mit ausnahme des einzigen *laucht*) nicht in der legende von Ninian vor.

1. *sychware* 105, 363. 124, 92. 131, 572; *sichwar* 200, 644. M 1732. 207, 340. 221, 175. 222, 293; *sychware* M 66. 228, 741. 242, 960. 244, 1052; *sychtware* 22, 518. 180, 304. 185, 588. 196, 392. 204, 118. II, 161, 294; *sichare* 19, 306; *sychar* 20, 373; *swichware* II, 212, 1108 etc.

2. *bewist* 164, 268. II, 212, 1118. M 844; *bewyst* 242, 948; *bywiste* 153, 861.

3. Das prät. und part. des ae. verb. *niman*, gewöhnlich durch an. *laku* vertreten; prät. *nome* 226, 567. 210, 46; part. *nomyne* 204, 114; *nommyne* 40, 668, *nummyne* 242, 918. II, 135, 1202; *numyne* 243, 990.

4. Das ae. verb. *craffan*: *cruf* 244, 1108; *crafe* 218, 18. II, 11, 663. 196, 398. 152, 609. 102, 175. 175, 355; *crawe* 130, 537. 161, 50. II, 95, 866 etc. Auch das prät. scheint *crawe* zu lauten 242, 963. 55, 187 (ms. *grawe*). Das *craues* 1, 334, welches in Skeat's glossar zum Bruce steht, kommt in der viel späteren abschrift von Hart vor, E hat *askis*.

5. Das dem Französischen entlehnte wort *fyne* 132, 682. II, 152, 50 mit dem prät. *fane* 19, 352. II, 27, 2, *fayne* II, 52, 191 etc., welches letztere sehr häufig als '*expletive*' gebraucht wird, dem Barbere aber auch in dieser verwendung nicht geläufig ist.

6. Das ae. verb. *witan* in zwei verschiedenen bedeutungen: *wite* = *increpare* 13, 643. 150, 612. II, 51, 81; *wit* = *ire* 144, 112 und das prät. *wat* (übersetzt das *abiit* der quelle) II, 53, 229; dazu subst. *wit* 42, 804. II, 18, 405. II, 129, 658.

7. Das prät. und part. *lacht* 122, 140. II, 65, 341; *laucht* 17, 214; *lacht* 131, 596. II, 4, 71 u. a. m. Zweimal kommt *lacht* innerhalb des verses vor, aber der sinn erfordert *tacht* 192, 84, und *lacht* II, 28, 110 ist der alliteration mit *lef* zulieb gesetzt.

8. Das verbum *mele*, welches mit offenem *eē* im reime gebunden ist, 14, 679. 18, 249. 50, 208. 146, 323. 157, 1236. 239, 721. 29, 1041 etc.

Ich glaube nicht, dass die zahl dieser wörter hiermit erschöpft ist; da aber bei dem umfange der denkmäler die untersuchung schwierig und zeitraubend, und hier gerade die grösste genauigkeit erforderlich ist, halte ich mit andern noch zurück.

Während ich im laufe meiner untersuchung noch an der
möglichkeit zweifelte, die frage nach dem zusammenhange
zwischen dem verfasser der legenden und Barbere durch die
reime entscheiden zu können, und ehe ich durch zuhilfenahme
der gleichzeitigen gereimten literatur die überzeugung gewinnen
konnte, dass die mannigfachen unregelmässigkeiten, welche
mich von einer erschöpfenden vergleichung zurückgeschreckt
hatten, auf eigenheiten des dialekts zurückgeführt werden
müssten, wandte ich meine aufmerksamkeit den flexionsformen
der beiden denkmäler zu. Wol fand sich im einzelnen manches,
was mich in meiner überzeugung, die ich aus der näheren
bekanntschaft mit den werken gewonnen hatte, bestärkte, aber
einen beweis, einen sicheren unantastbaren beweis, welcher
auch Bradshaw und Horstmann befriedigen musste, konnte ich
durch diese untersuchung nicht bieten. Ein solcher ist nun
ohne zweifel durch die im abschnitt I behandelten reime 'ge-
liefert, und alle ferneren untersuchungen und vergleiche haben
nur den einen zweck zu verfolgen, weitere stützpunkte für
eine schon fest gegründete tatsache zu finden. Ich beschränke
mich hier auf eine widergabe der flexion des verbums, da
eine vergleichung der nominalflexion nur wenig gelegenheit
bietet, auf verschiedenheiten in den denkmälern aufmerksam
machen zu können. Nur eine zusammenstellung 'der unter-
schiede zu geben, erschien mir nicht angemessen. Da der
weitaus grösste teil der formen genau übereinstimmt, so würde
eine einseitige darstellung der verschiedenheiten leicht dahin
führen, den wert derselben bei der beurteilung des verhält-
nisses der beiden werke zu einander zu überschätzen. Dialek-
tische unterschiede sind meinem dafürhalten nach überhaupt
nicht vorhanden, und kann es sich nur darum handeln, eigen-
tümlichkeiten des gebrauchs bei einem oder dem andern dichter
festzustellen. Niemand wird bei dem umfange der denkmäler
und dem gänzlichen mangel an vorarbeiten die schwierigkeit
einer solchen vergleichung in abrede nehmen, doch habe ich
mich grösstmöglichster sorgfalt hefleissigt. Stimmen die verbal-
formen der Legenden mit denen des Bruce überein, so ist das
nicht besonders bemerkt worden. Unter anderm wird die be-
trächtliche zahl derjenigen starken verben auffallen, welche
in den Legenden nur im reime vorkommen, im Bruce aber
fehlen, welche also unter die zahl der im abschnitt XII be-

handelten reime aufzunehmen sind. Ich habe sie dort nur deshalb nicht angeführt, weil ihr vorkommen meistens vereinzelt ist und daher zufällig sein kann. Von der personalflexion abgesehen werden die formen des präs. und des inf., des sing. und plur., des prät. und part. der schwachen verben von der sprache nicht mehr unterschieden und sind deshalb nicht besonders angeführt.

Personalflexion.

Die 1. pers. präs. sing. ist im Bruce stets endungslos. In den legenden aber findet sich eine lange reihe von beispielen, wo die 1. pers. bei nicht unmittelbarer verbindung mit dem fürwort die flexionssilbe -*is* angehängt hat. Dasselbe kann von dem zeitwort getrennt sein a) durch ein oder mehrere satzglieder. *I to god prais* 66, 294. *I vndir þine vndirtakine ʒone space hyme grantis* 195, 231. *I wnworthy . . . requeris* II, 213, 1211. b) Durch einen zwischensatz. *I, þocht Isymple be goddis servand, hechtis* 44, 964. c) Durch eine konjunktion. Tempus und modus des hauptsatzes können dabei abweichend sein. 1. and. *I refuse and forsakis* II, 184, 145. *I recommend and prays* 131, 551. *I forsak . . and prais* II, 76, 188. *I tak . . and dredis* II, 6, 259. *I thank . . and lowis* II, 8, 391. *I mak . . and prays* 52, 393. *I ma . . thole . . and ʒeldis* II, 9, 453. *Now will I spek . . and askis* II, 198, 97. *I am . . and succedis* II, 199, 173. *Abaysit I ame and ferlys* 208, 369. *Þat did I and yarnys* II, 211, 1017. *I become . . and wane . . and deyt . . and regnis* II, 14, 149. *Dyspysit I haf . . and gyfis* II, 9, 508. 2. bot. *I no dred, bot ʒarnis* 40, 628. *I will naway . . bot takis* II, 205, 603. *My ʒouthed here tyne I nocht, bot gifis . . and giffis . . and takis . . and giffis* II, 169, 490. *I thocht neuir . . bot sais* II, 208, 819. *Mare cane I nocht say bot prays* 170, 692. *I sic ded has done . . bot prays* II, 34, 598. 3. na. *Þi mercy byd I nocht . . na gyfis* II, 71, 775 etc.

Auf den ersten blick scheint hier ein ganz besonders ins gewicht fallender unterschied zu bestehen. Aber, so seltsam dies auch erscheinen mag, es kommt in dem ganzen Bruce kein einziger fall vor, in welchem die 1. pers. präs. von dem pronomen durch mehr als ein kurzes wörtchen getrennt wäre, und somit verliert jener unterschied den grössten teil seiner bedeutung. Solche fälle sind: *I of reid* 9, 101. *I of mwt* 13, 60. *I of tell* 17, 916. *I ʒow say* 11, 31. 604. 12, 419. 14, 224. *I ʒow pray* 12, 218. *I to ʒow say* 13, 539. *I heir dewiss* 10, 2. 11, 181. 17, 254 vgl. Leg.; *I me betak* II, 202, 360. *I þe warne* 128, 390. *I ʒou tel* 121, 39. *I þaime forsak* II, 202, 359. *I no dred* 40, 628. *I now begyne* 148, 423. *I now to memore lede* (im reim) 153, 904 etc. Auffallen könnte *I ʒow requeir and pray Bruce* 12, 263, aber *pray* steht hier im reime, und auch die legenden flektieren in ähnlichen fällen das zweite präsens oft nicht, wenn es am versende steht, z. B. *I honoure and gloryfy* II, 7, 309. *I lowe þi name and gloryfy* II, 9, 506.

Bruce 12, 294 lautet in Skeats text· *l frast, and trowis sekirly till haue* etc. Ich glaube ganz entschieden, dass das komma zu streichen ist, und dass *trowis* nicht als 2. pers. plur. imper., wie wol Skeat es verstanden, sondern als 1. pers. sing. präs. zu fassen ist. Ich bin überzeugt, dass Skeat ebenso gelesen haben würde, wenn er es für möglich gehalten hätte, dass *trowis* eine 1. pers. präs. sein könnte. Der Ausdruck entspricht den häufig vorkommenden alliterierenden Wendungen. Vgl. *traste and trew* Leg. 131, 556. Damit wäre dann allerdings die Uebereinstimmung des Barbere mit dem verfasser der Legenden erwiesen.

Die 2. und 3. pers. sing. sind stets flektiert. *Þu lofis* 38, 469. *Þu speris* 38, 480. 508. *Þu franis* II, 207, 721. *Þu vittis* 38, 508. *Þu . . deigneis* 70, 565. *Þu . . byddis* 70, 580. *Þu bidis and sufferis* 123, 19. *Þi-selfe sais* 123, 10 *how lange sall Þu . . stand and seis* II, 209, 913. *Þu dois syne that thyggis* 179, 211. Beim conj. aber fällt die flexion fort. *Þu knaw* 37, 425. *Þu Consent* 38, 465. *Þu resawe* 40, 674. *Þu wary* 50, 225. *Þu . . þat semulacre brake* 71, 653. — 3. pers. sehr oft. Der flexionsvokal fehlt irrtümlich in *emplesis* 197, 458. Es wechselt *me think* 70, 573. 102, 179 161, 91 mit *thinkis me* II, 168, 368. Conjunct. wie 2. pers. *he louse* 49, 117. *he resawe* 40, 651. *It hapyne* 89, 173.

Plural. Ist das zeitwort mit dem persönl. pronomen verbunden oder nur durch ein wort von demselben getrennt, so ist es nicht flektiert. *ȝe askis Mach* 1306 und *Þai rekis* 56, 216 sind wahrscheinlich versehen. 1. pers. *we pray* 28, 985. *we ȝarne* 11, 511. *we red* 124, 42. *we þe gefe* 123, 16. *ve þe brynge* II, 129, 676. *we hyr cal* 152, 779. *we trewly trew* II, 204, 534. *we wrytine fynd* 191, 983. 2. pers. *ȝe se* 11, 486. *ȝe honoure* 71, 623. *thol ȝe* 74, 115. *come ȝe* 49, 108. *ȝe with dele* 12, 570. 3. pers. *Þai blyne* 52, 324. *Þai wryt* 115, 91. *Þai wene, Þai red* 120, 3.

Bei weiterer trennung vom pronomen tritt flexion ein, welche nur einige male im reime fortgefallen ist. 1. pers. *we na desert makis* 196, 397. *we . . in þat god trewis* 29, 1072. *we are . . and cummys* 121, 74. *we can nocht . . bot turnis ws . . and forsakis* II, 204, 516. Im reim: *we here ȝow of tel* 121, 86. *we þe ewangelyste cal* 114, 6. *we in þe ewangeliste red* 123, 7, vgl. Bruce: *we þusgat leif* 6, 157. 2. pers. *ȝe haf left and trewis* 29, 1073. *seis* (statt *ȝe se*) 75, 213. 3. pers. *mene wenis* 120, 1. *mene speris* 114, 17. *Þat dissavis* 39, 569. *Þat lyis* 120, 80. *Þat saylis* 175, 12. *dewot folk . . getis* 191, 1010 etc. Im konjunktiv fällt die flexion fort. *our goddis resave* 39, 576 etc.

Imper. sg. ohne endung. ete 73, 92. *abyd and blyse* 146, 256. *Þu tell* 38, 501. *her þu* 39, 591.

Plural. In verbindung mit dem pronomen stets flexionslos. *jugis ȝhe Bruce* 6, 269 ist eine nach meiner ansicht nicht richtige konjektur von Skeat. *Hart* las *juge*. E. hat *cheyss*. 1. pers. *draw we* 118, 152. *lef we . . and spek* 212, 179. *ryse we . . and dress ws. M.* 665. 2. pers. *vil ȝe* 136, 919. *pray ȝe* 121, 37. *ȝe trew* 66, 325. *ȝe chese* 106, 421. *ȝe make* 102, 181.

Wenn das persönl. pronomen fehlt, werden ohne unterschied flektierte und unflektierte formen neben einander gebraucht. 1. pers. siehe die obigen beispiele. 2. pers. *cese* 75, 212. 95, 264. *luk* 38, 520. *bynd and send* 165, 383. *mak* χ*u* 39, 547. *hald* χ*ow* 95, 263. *clethe* χ*ow* 121, 82 neben *makis* 38, 530. *sendis* 45, 1030. *askis* 45, 1031. *trewis* 72, 28. *gais* 121, 39. *passis and sekis* 215, 360. *gais and gettis* 167, 517. *ordanis* χ*u* 38, 531. Der Bruce stimmt mit den Legenden auch in bezug auf die doppelte bildung des imper. pl. überein. Auffällig ist es, dass Barbere beim imper. niemals das pronomen χ*e* v o r das verbum stellt, was in den Legenden oft geschieht.

Das präteritum zeigt keine spur von Personalflexion.

Die part. präs. auf -*and* unterscheiden sich in beiden denkmälern streng von den verbalsubstantiven auf -*ing*.

Starke konjugation.

Klasse I**. *Spek* 4, 99. 28, 952. *speke* 3, 60. — *spak* 6, 99. 214, 328. *spake* 59, 480. — *spokine* 125, 142. 158, 1296.

Gif 29, 1101. *gyf* 7, 133. *gyfe* 55, 139. *gefe* (i. r.: *lif*) 123, 15; (i. r.: *lyf*) II, 47, 779. — *gaf* 11, 466. *gaff* 4, 112. *gafe* 4, 134. *gawe* 58, 360. χ*af* 237, 579. *gefe* (: *hafe*) II, 116, 33. II, 90, 529; (: *safe*) 152, 767. *gef* (: *sawe*) II, 65, 319. *gef* 29, 975. 29, 1062. *gefeit* 110, 245 ist ein schreib- oder druckfehler. Aus den reimen geht hervor, dass die stammvokale des präs. und prät. wie im Bruce nur *i* und *a* sind, vgl. *gaf* : *draf* Bruce 7, 470. Merkwürdig ist der reim *nave* : *gave* 16, 129, wie Skeat mit C schreibt. E hat *new* : *gefe*. Vom *an. hnefi* sollte man eigentlich eine form mit *e* erwarten. — *gefine* 53, 52. *geffyne* 39, 555. *gewin* 5, 18. *gewine* 13, 656. *gyfine* 103, 227. *gyffine* 110, 243. *giffine* II, 89, 514. II, 117, 93. Das schwanken zwischen *i* und *e* im part. findet auch bei Barbere statt. Reime, welche hierüber aufschluss geben könnten, sind nicht vorhanden.

Das kompositum *forgyf* kommt im Bruce nicht vor. *forgyf* II, 69, 649. — *forgawe* 242, 964. — *forgevine* 83, 152. *forgyfine* II, 82, 221. *forgiffine* II, 136, 1264.

Get 32, 66. *gete* II, 76, 184. II, 154, 230. *gate* (: *thret*) 97, 411. 415. Darnach ist zu bessern *gat* 30, 1116. — *gat* 5, 44. 23, 630. M. 870. Sehr auffällig ist der reim *gat* : *gret* in der Legende von Ninian II, 129, 641. Siehe auch unter *sit*. — *gotine* 205, 153. *gottine* II, 114, 552. *gottyne* 78, 424.

In den Legenden findet sich ein prät. *forget* 136, 919. 190, 930, welches im Bruce fehlt; beiden denkmälern gemein ist aber das ebenso wie das prät. schwach gewordene part. *forget* 176, 31. 141, 247. 223, 321 i. r.: hat anstatt *het* (ae. *onhæted*) vgl. Bruce 1, 16. Es sei hier erwähnt, dass Wyntown drei formen neben einander braucht: part. *forget* 8, 666. 6, prolog 46. *foryhettyn* : *gettyu* 1, 265. *foryhottyn* : *gottyn* 8, 2719. inf. *forget* s. 196, 317.

Sit 4, 131. *syt* 46, 1080. *seit* II, 197, 27. Diese schreibart stammt von der hand des zweiten schreibers, welcher auch kurzen vokalen das *i* hinzufügt, von dem im abschnitt V gesprochen wurde. Für *y* setzt er dann *ei*. *seit* II, 205, 557 jedoch steht nicht für *sit*, sondern versehentlich für prät. *sai*; ebenso *seit* II, 207, 748. — *sat* 43, 903. 57, 340. II, 210, 1003. *sait Machor* 1259; 1293, vgl. *missate* 107, 44. *set* (: *þat*) 34, 192. *sete* (: *þat*) II, 99, 1113. Im anschluss an diese reime sind zu verbessern auch *set* 18, 260. 34, 234.

Nicht minder auffällig als jener oben erwähnte reim der Leg. Ninian ist der in derselben Legende vorkommende reim *sete* : *wete* II, 128, 583. Es ist nicht wahrscheinlich, dass hier ein zufall obgewaltet hat, denn die beiden reime dieser Legende entsprechen einander vollständig, während sonst nichts ähnliches wider vorkommt. Ueberdies reimen die vokale *a* und *e* trotz des schwankens in der orthographie überhaupt nicht mit einander, wie dies in abschnitt III nachgewiesen ist. Nur in folgenden fällen wäre es fraglich, ob nicht die reime als unrein anzusehen wären, *kaste (keste?)* : *maste* 12, 532. *hald (held?)* : *tald* 203, 58. *sle (sla?)* : *me* 95, 270; vgl. obigen reim *nave* : *gave* im Bruce. — Ein part. *sittyn* wie im Bruce 7, 269. 407 begegnet in den Legenden nicht.

Ete 44, 969. *het* 109, 161 — *ete* 37, 456. *ʒet* 63, 100. 153, 876 — *etyne* 37, 458. 38, 499. II, 105, 368. *eteyne* II, 105, 371. *etene Mach*. 1207.

Zu dem vereinzelten part. *cledine* 211, 89 vergleiche man die übrigen formen *clethe* 128, 347. *cleth* II, 3, 45 — *cled* 121, 98. II, 31, 397. — *cled* 55, 150. II, 37, 779. II. 69, 663. *clede* (: *bede*) II, 75, 110. *gled* 205, 191.

Byd 155, 1114. II, 40, 144. II, 117, 104. *byde* 11, 490. — *bad* 6, 65. 7, 200. *byd* 221, 187 ist wol ein versehen. — *bydine* 153, 1370. II, 81, 118. *bydyne* 159, 1416.

Se 6, 106. *see* II, 197, 27 — *saw* 5, 30. 4, 88. *sav* 129, 436. *schaw* 16, 105. II, 124, 212 — *sene* 14, 706. *seyne* II, 206, 690 *sewyne* 120, 18 ist ein versehen des schreibers, hervorgerufen durch die daneben stehenden wörter *ewyne* und *hewyne*.

Ly 19, 326. II, 173, 100 — *lay* 7, 203. 132, 664. *la* 154, 974. II, 35, 640. II, 110, 285. — Bemerkenswert ist das part. *lyne* 20, 368. Wir haben es hier mit einer neubildung aus dem präsensstamme zu thun, was aus der schreibung *lyin* Bruce 11, 355 deutlich hervorgeht.

Ausser der form *quod* 19, 285 kommt noch *quaþ* Machor 681 vor, welches aus Bruce nicht zu belegen ist.

Das ae. *wreean* kommt im Bruce nur einmal als *wreik* 12, 227 vor, in den Legenden steht es dreimal im reime: *wryke* (: *freke*) 97, 434. *wrak* (: *braƙ*) II, 54, 356; (: *tak* 151, 733). Ungeachtet der schreibung mit *y* und *a* neige ich mich der ansicht zu, dass das verbum nur *wrek* lautete. Es ist sicher, dass der dichter nur *brek* sprach, und möglicherweise darf man vers 151, 733 ändern in *þat thru þe sparis to ta wrak*. — Nur in den Leg. findet sich das prät. *wrekyt* 74, 133.

Ebenfalls zur schwachen konjugation übergetreten sind folgende verben, welche im Bruce nicht begegnen. *frayne* II, 124, 196. *frane* II, 191, 69. — *fraynit* II, 195, 173. *franit* II, 125, 321. *franyt* 236, 481. II, 31, 377 und *thig* II, 212, 1145. *thyggis* 179, 212. — *thygit* 212, 169.

Klasse I^b. *brake* (: *speke*) 89, 187. II, 207, 779; (: *reke*) 71, 853; (vgl. oben *wrek*), *brak* 44, 932. II, 54, 351. Obgleich die schreibung *breke* nicht gebraucht ist, 'so ist doch nicht zu bezweifeln, dass der dichter so sprach. — *brak* 51, 303. II, 68, 561. II, 162, 305. *brek* 73, 89 ist sicherlich ein schreibfehler. — *brokyne* 17, 164. *brokine* 57, 316. II, 178, 99. *brekyne* II, 206, 688 hat Horstmann dementsprechend verbessert.

Stele 234, 344. *steile* 242, 965. *steyle* 110, 246. — *stal* 44, 929. II, 113, 498. *stall* 20, 401 — *stolline* 207, 311. Das verbum fehlt bei Barbere.

Ber 18, 224. II, 173, 77. *bere* 23, 591. 25, 730. *beyre* 126, 259. — *bar* 32, 118. *bare* 4, 87. 25, 738. II, 114, 591. *forbare* II, 128, 578. II, 153, 174. — *borne* 3, 51. II, 168, 373.

Schere 8, 222. — *schar* (: *par*) 24, 674. *schare* (: *pare*) 8, 227. 212, 139. Daneben *schure* II, 121, 361 (bei Barbere nicht). Dieser ablaut, welcher aus dem part. oder auch aus den verben der 4. klasse eingedrungen sein mag, ist in der älteren schottischen sprache nicht vereinzelt. Bei Dunbar findet sich etwas analoges, nämlich das prät. *bure* (ae. *bær*) 17, 167. II, 22, 564. Auch Wallace hat *bure* : *fur* (= *furrow*) 3, 221 neben *bar* : *schar* (ae. *scær*) 3, 145; 189, l. r.: *mar* 5, 269. Im neuschottischen gewannen diese hier noch neben den alten regelmässigen formen auftretenden neubildungen die oberhand. Sie heissen *buir* und *schuir*, vgl. Murray, Dialect of the Southern Counties of Scotland s. 203 u. 207.

Cum 6, 95. *cume* 11, 452. *come* 51, 286. 205, 160. — *com* 6, 72. *come* 6, 97. *become* 32, 74. *cume* II, 138, 1432 von Horstmann in *come* verbessert. Auch in den handschriften des Bruce wechseln *u* und *o* im prs. und prät. — *cumin* 12, 560. *cumine* 23, 585. *cumyne* 8, 248. *cummyne* 155, 1071; vgl. Bruce (C) part. *cum* 7, 524, wo E *cummyne* hat.

Ueber *nome* und *nomyne*, welche in den Leg. nur im reime, in Bruce gar nicht begegnen, ist oben (XII, 3) gesprochen worden.

Klasse I°. *clyme* 135, 850. II, 188, 133. — *clame* II, 12, 710. — *clommyne* II, 125, 269. *clummyne* 40, 667. Neben diesem part. hat Bruce *clymen* 10, 648, wie Skeat mit C schreibt, doch ist hier mit E das part. präs. *clymbyne* aufzunehmen.

Blyne 27, 879. 149, 532, welches nur zweimal im Reime vorkommt und bei Barbere fehlt, gehört zur kategorie der unter XII genannten wörter. Dasselbe gilt von *swynk* 177, 117. *swynke* II, 84, 68, vom prät. *swange* II, 48, 847 und vom prät. *wrange* 150, 626. 213, 225.

Begyne 3, 10. — *begane* 17, 165. II, 198, 95 ist wie auch im Bruce selten; vgl. Bruce 3, 304. Um so häufiger in beiden denkmälern ist *beguth* 15, 32. 114, 27. *begouth* 12, 576. *begud* 58, 352. *becuth* II, 55, 367. II, 64, 284. II, 115, 641. *becwthe* 119, 43. Diese verwechselung mit dem prät. des ae. *cunnan* tritt auch ein bei *cuth* anstatt *can*, welches in seinem gebrauche als hilfsverb für die sprache so charakteristisch geworden ist. Vgl. abschnitt V, 2. Die handschrift E des Bruce hat noch die schreibweise *gane* bewahrt. In den Leg. begegnet sie nicht mehr. Neben *cane* 3, 46 etc. steht *cuth* 6, 54. 17, 154. 110, 231. 143, 68. Man vergleiche die verse: *Þat he of wit nere cane gay* 19, 315 und *Nero of wit nere cuth ga* 17, 154. — *begonnyne* 156, 1135. II, 111, 349.

Drink 25, 750. *drinke* 153, 924. — *drank* 26, 845. *dranke* II, 68, 515. — *dronkyne* II, 68, 518. Br. auch *drunkyn* 19, 355.

Sink 114, 458. *synk* II, 76, 181. Fehlt bei Barbere. — part. *sonkine* II, 70, 720. *sonkyne* II, 76, 179.

Singe 8, 241. *synge* 63, 70. 238, 645. — *sange* 238, 668. — *songyne* 238, 623. Nur das präs. findet sich im Bruce.

Springe 237, 587. *sprynge* 237, 561. — *sprang* 237, 578. *sprange* 42, 848. *sprank* 237, 580. — Das part. *sprongyne* II, 19, 474 begegnet im Br. nicht.

Flinge 214, 324 und part. *flungyne* 19, 345. Während Br. das part. nicht hat, kommt hier noch vor prät. *flang* 16, 651. 17, 645.

Slynge II, 179, 174. — *slang* 173, 250. — *slongyne* II, 196, 242 fehlt im Bruce.

Dinge 22, 512. II, 117, 112. *dyng* 172, 147. *dynge* 97, 398. II, 117, 110. — *dang* 150, 625. II, 103, 196. *dange* 31, 44. II, 111, 381. *daynge* II, 42, 367. — *dongyne* 27, 921. II, 192, 202. *dungine* II, 111, 346. *dungyne* II, 107, 42. *doungyne* 15, 10. II, 190, 13. Das *g* in *dongyng* 91, 289 ist ein versehen.

Thring 31, 16. *thringe* 69, 504. II, 189, 160. *thrink* II, 128, 531. *thryng* 172, 148. *thrynge* II, 7, 376. — *thrange* 126, 228. 149, 520. II, 189, 191. — *throngyne* II, 65, 349. *thrungyne* 150, 607. II, 107, 46. Man könnte es auffällig finden, dass Barbere prät. und part. dieses verbums garnicht anwendet.

Zu dem vereinzelten prät. *hang* II, 204, 533 gehört der auch im Bruce vorkommende inf. *hing* II, 57, 496. *hynge* 36, 340. II, 5, 181. II, 159, 177. *hinge* 40, 623. Daneben das schwache verbum *hang* 30, 1141. *hange* 40, 675. 111, 290. 111, 277 (ms. *hynge* : *strange*). — *hangit* 74, 145. 41, 701. — *hangit* 14, 684. II, 133, 1014. *hangyt* 41, 757.

Vereinzelt ist auch das prät. *schonge* 109, 169.

Bind 5, 17. *bynd* 4, 136. *bynde* 6, 85. Fehlt im Bruce. — *band* 31, 43. — *bondyne* 132, 631. *bundine* II, 99, 1171. *bundyne* 15, 22.

Find 7, 174. *fynd* 8, 254. — *fand* 3, 39. *fande* 6, 101. — *fundine* 24, 660. II, 113, 513. *fundyne* 19, 288. Böddeker, Engl. Studien II, 369, anmerk., giebt ein part. *van* aus dem Bruce. Ich habe ein solches nicht gefunden. Vgl. aber *von* 10, 506, wo E *wonnyn* hat.

Grynd II, 158, 94. — part. *grondine* II, 208, 855. Beide formen fehlen im Bruce. Dasselbe gilt vom prät. *wand* 198, 503.

Wine 5, 144. *wyne* 8, 20. *vyne* 39, 560. — *wans* 6, 78. *vans* 57, 285. *vpwane* 22, 556. — *wonyne* 80, 549. *wonnyne* 122, 128. *wonone* 83, 752. *wonnynge* 139 574.

Ryne 52, 332. — *rane* 4, 74. 16, 74. — *ronnyne* II, 113, 503. *runnyne* 157, 1288. *rownyne* 98, 497. *ourrunnyne* 156, 1136. *beronnyne* II, 79, 16. Das part. fehlt im Bruce.

Schwach geworden ist *brine* 17, 158. *bryn* 26, 810. *bryne* 41, 712. *byrne* 26, 797. *brynge* II, 194, 74 ist ein versehen. — *brint* 26, 811. *brynt* 28, 946. *broynt* (?) 233, 303. — *brint* 49, 128. *brynt* 26, 793. II, 71, 740.

zeld 188, 823. 237, 548. *zald* 49, 142 steht irrtümlich für *zeld*, vgl. Br. 10, 824, wo C *zeld* hat, E *zauld*. — *zald* 237, 565. *zalde* 6, 68. *zauld* 196, 496. *zaulde* 234, 324. — *zoldine* II, 113, 525. II, 177, 333.

Prät. *swelt* 140, 197 begegnet auch im Bruce einmal, 4, 311.

Folgende beiden verben, welche ein schwaches prät. haben, kommen im Bruce nicht vor. *delfe* 82, 664. *dalfe* (?) 82, 659. — *dalf* 123, 212. *delfyt* 189, 840. — *dolvyne* (?) 70, 581. *vndolvine* (?) 7, 198. In beiden fällen ist das ms. undeutlich.

Melt 173, 237. II, 113, 470. — *meltit* 71, 656. II, 55, 394. — *moltine* 168, 560. *moltyne* II, 60, 735. II, 190, 39.

Dem Ninian und Machor eigentümlich sind die part. *swolline* II, 131, 798. *swollyne* II, 137, 1373. *swolne* Mach. 1786 und *bollyne* II, 137, 1374, welche dem Bruce fehlen. Vgl. prät. *bolnyt* 25, 753.

Helpe 5, 165. 237, 541. — *helpyt* 231, 115. — *helpyt* 49, 156. II, 43, 384. daneben *helpyne* 21, 472. 81, 591. 96, 485. 236, 498. 237, 539. Ms. E des Bruce hat auch einmal *helpyne* 12, 142, sonst kommt hier nur das schwache part. vor. Horstmann schlägt zu vers II, 136, 1218 vor, statt *helpyne* zu lesen *holpyne*. *Helpine* ist jedoch eine neubildung aus dem präsensstamme.

Suely II, 8, 418. II, 71, 735. *swely* II, 189, 179. Mach. 1199, welches im Bruce nicht begegnet, bildet das schwache prät. *suelyt* II, 70, 689. *swelyt* 149, 542.

Dem inf. *brist* II, 209, 930. *to-brist* II, 152, 60 steht im Bruce *brast* im reim auf *fast* 15, 479 gegenüber. — *brast* II, 8, 423. II, 24, 811 neben *bryste* 90, 222. *breste* II, 80, 85. *byrste* 111, 280. Auch im Bruce lautet das prät. *brast* und *brest* (*brist*). Das geht hervor aus den reimen *brest* : *worthiest* 2, 352 und *brast* : *fast* 4, 129. 12, 545. Dazu *brist* 8, 87. 12, 559.

Vom ae. *þræstan* begegnet im Bruce nur *thristing* 13, 156. Vgl. in den Leg. imper. *thrist*(*it*) 164, 264. — *threst* II, 154, 185 und *thristit* II, 127, 516. — *thrustyne* 149, 581. *thrussine* II, 104, 285.

Fycht 102, 138. — *facht* II, 22, 714. *faucht* II, 136, 1219. II, 161, 295. — Dazu *fouchten* Bruce 16, 243.

Während in den Leg. inf. *brade* 132, 683 und prät. *brad* 108, 487 und zwar im reime begegnen, finden wir im Bruce das part. *browdyn* 8, 229. 11, 464.

Warpe II, 6, 267 steht nur hier und zwar im reim. — *warpyt*. Br. 3, 642 fehlt in den Leg. — *warpit* 19, 344. *varpit* Br. 11, 602.

Carwe II, 181, 292 fehlt im Bruce.

Zu *worth* Mach. 350. *word* Mach. 126. *worthis* II, 86, 219. II, 13, 27. *wordis* 163, 185 gehört prät. *worthit* 177, 121. *worthyt* II, 29, 97. Mach. 742. *wordit* 177, 116. Viel häufiger aber findet sich auch für das prät. die form *worth* 154, 1008. 243, 1088. II, 18, 384. II, 120, 290. *vorth* 52, 346. *word* 164, 293. II, 169, 484. *worde* 113, 420. II, 125, 277. Horstmann ändert *worth* 24, 663. 109, 140 in *worthit*(?). Bei Barbere finden wir ausschliesslich *worthit*. — *worthine* 50, 198. *forworthine* II, 129, 672; auch Br. 4, 737. 13, 285.

Wie *suely* aus ae. *swelgan*, so wurde *wery* aus ae. *wyrgan* gebildet nach Analogie von verben wie *wary* 50, 226. II, 183, 142 etc. aus ae. *wyrigan*. *wery* 10, 441. II, 35, 658. II, 195, 178. — *veryt* 63, 97. II, 189.

200. *weryit* II, 154, 198. *berrit* (?) 35, 259. — *weryt* 10, 444. 12, 527. Das verbum findet sich bei Barbere nicht.

Klasse II. *Wryt* 52, 389. *wryte* 60, 525. — *wrat* 27, 909. II, 76, 143. *vrat* 141, 270. II, 135, 1195. — *writine* 158, 1341. *writtine* 8, 215. *wrytine* 100, 51.

Smyt II, 11, 624 fehlt im Bruce, dafür ist das prät. *smat* hier vertreten. Vgl. Br. 6, 136. 7, 449. In den Leg. begegnet nur das schwache *smytit* II, 19, 521.

Folgende beiden verben finden sich bei Barbere nicht. *byt* II, 181, 271. — *bat* 117, 62. II, 104, 256. *bate* 15, 30. 104, 311. — *bittine* 177, 116 und prät. *flat* 38, 524. II, 136, 1219. — *flytyne* 234, 373.

Byd 60. 549. *byde* II, 99, 1170. *bede* 69, 549 darf als ein versehen betrachtet werden. Ein irrtum von Skeat ist es, wenn derselbe *beid* i. r.: *drede* Bruce 8, 183 zu ae. *bidan* stellt. Es gehört zu ae. *bêodan*. Siehe klasse III. — *bad* 5, 31. 149, 553. II, 84, 107. *bade* 111, 290. *abade* 45, 1046.

Ryd 51, 301. M. 53. — *rad* 61, 616. 218, 8. *rade* II, 33, 479. — Dazu *ridit* Br. 4, 45 u. 6.

Zu dem prät. *slad* II, 121, 364. II, 119, 261. II, 109, 212 (?). *slaid* II, 119, 242 finden sich im Bruce *slyd* 3, 707 und *slyddin* 17, 126.

Für *wit* verweise ich auf den abschnitt XII, 6. Auch das prät. *glad* II, 123, 108. *glade* II, 52, 176 gehört zu den im abschnitt XII genannten wörtern. Ebenso das vereinzelte *beswyk* 208, 368 und *thryfe* 223, 365 nebst prät. *thraf* 244, 1111. *thrawe* Mach. 49. Ueber *fyne* etc., welches gleichfalls zu den verben dieser klasse zu zählen ist, ist bei XII, 5 gesprochen worden.

Wryth II, 158, 97. *wricht* II, 42, 361 kommt im Bruce nicht vor.

Ryse 7, 132 — *ras* 206, 210. *rase* 4, 64. 7, 142. II, 99, 1111. *rass* 8, 226. *rayse* 115, 98. — *rysine* 73, 82. II, 134, 1078. *resine* 10, 380.

Schyne Mach. 376 und *schene* 121, 83. *schenand* 219, 54. Bruce nur *schynand* — *schane* 22, 536. II, 123, 167.

Von *rif* finden sich im Bruce nur zwei belege 20, 255. 258. Dazu part. *renyn* 2, 510. Das prät. fehlt ganz. In den Leg. kommt das verbum recht häufig vor. *rife* II, 2109, 44. *ryf* 184, 535. *ryfe* 88, 103. *ryve* 57, 305. *rywe* II, 209, 861. — *raf* 91, 266. II, 192, 159. *rafe* 12, 529. II, 179, 121. *rawe* 177, 93. II, 104, 257. *rayf* 213, 226. -- *ryfine* II, 160, 205. *rynven* II, 67, 463. *rywine* II, 6, 292. II, 111, 346. *refine* (?) 5, 25. *rewine* 15, 18. II, 112, 392.

Gleiches gilt von *strife*, von dem nur das prät. *straif* 6, 185 einmal bei Barbere sich findet. *stryfe* 9, 289. *strife* 223, 366. II, 156, 376. *striwe* II, 03, 720. — *strafe* 25, 754. II, 93, 727. 713. — *strifine* Mach. 1704. *striwine* 29, 1077. II, 89, 470. *strewine* 143, 55.

Schryf 43, 886 fehlt im Br. — *schrafe* II, 58, 610. — *schrifyne* II, 58, 60. *schriffyne* 43, 898. *schryfyne* 43, 887.

Drif kommt öfter im Bruce vor, in den Leg. nicht. — *draf* 234, 337. *drawe* 241, 857. *ourdrafe* 145, 171. — *dryfine* 77, 366. *drywyne* 120, 69. *ordryvine* 143, 56. *ourdriwyne* 144, 117.

3

Prät. *slewit* 26, 841 gehört sicherlich zu ae. *slîfan*. Vgl. *sliver*, Skeat, Etym. Dict.

Grype II, 169, 476 findet sich nur hier.

Strik 9, 362. II, 171, 598. *stryk* 50, 236. *stirk* II, 155, 312. II, 211, 1076. *stirke* II, 54, 287. *styrk* II, 95, 855. — *strak* 16, 115. II, 113, 487, II, 171, 599. *strake* 97, 436. II, 161, 261. — *strekine* 17, 196. *strikin* 18, 252. *strikine* II, 113, 482. II, 156, 341. *strickine* 18, 267. Von sonstigen verben dieser klasse kommt im Bruce noch *sich* 3, 350 vor.

Klasse III. Vom ae. *clêofan* findet sich prät. *clawe* 229, 753, welches auch in Bruce öfter vorkommt. Das ae. *cleofjan haerere* hat neben dem prät. *clewyt* 220, 130. *clewit* M. 1197 ein prät. *clawe* 220, 134. *clafe* 118, 148. M. 604. Letzteres verbum fehlt im Bruce.

Nur in den Leg. finden wir: *crepe* 230, 41. — *crape* 132, 665. Prät. *ʒet* 124, 113. 125, 131. *ʒete* 110, 251. — *ʒetine* 142, 332. Part. *frosyne* 81, 628. 154, 1006 und *sethit* 52, 699. — *sottyne* 82, 706. Von letzterem verbum hat Bruce den inf. *seth* 20, 571 aufzuweisen.

Chese 24, 665. — *chesit* 5, 166. II, 124, 256. — *chosin* 5, 161. *chosine* 4, 101. *chosyne* 21, 461. *schosine* Mach. 1481.

Dem ae. *lêosan* entsprechen formen mit *e* und *o*. Die handschriften des Bruce wechseln oft in den beiden formen ab. Die Leg. gebrauchen *o* mehr, doch kommt *e* allein im reime vor. *lese* 80, 516. *les* II, 135, 1172. *lose* 24, 702. II, 135, 1199. — *losit* 6, 62, Bruce *lesyt* 9, 682. 16, 456. — *iosit* II, 18, 397. Br. *lesit* 13, 629. 18, 176 (E). Die form *lorn* findet sich in beiden denkmälern nur im reime: *lorne* 3, 52. II, 57, 567. II, 123, 90. *forlorne* II, 31, 392. Br. 7, 44. 10, 246.

Losine 21, 462 (im reime) ist das starke part. eines verbums, welches sonst nur schwache formen aufweist. Prät. *lousit* II, 48, 853. II, 117, 117. *lousyt* II, 180, 234. — *losit* II, 195, 177. *lousit* II, 176, 275. *lousyt* II, 180, 234.

Ae. *bêodan* kommt nur je einmal im reime vor. Die bedeutung desselben in den denkmälern ist verschieden. *Bede* (: *presthed*) 147, 347 im sinne von *to pray* und *beid* (: *dred*) Bruce 8, 183 im sinne von *to bid, to offer*, wozu das vereinzelte *bodyn* 7, 103 = *bidden, challenged* gehört. Fälschlich erklärt Skeat *beid* als *to bide, wait for*.

Von *forbed* II, 109, 177. *forbedand* 127, 264 fehlt im Bruce prät. und part. — *forbade* 12, 528. *forbad* 185, 603. — *forbodine* 37, 456.

Fle (*volare*) 8, 273. 12, 559. — *flaw* 12, 564. 226, 590. II, 75, 124. — *flowyne* 115, 80. Inf. und part. kommen im Br. nicht vor.

Fle (*fugere*) 3, 4. 19, 332. — *fled* 10, 446. *fleid* II, 127, 499. — *fled* II, 192, 26.

Zu dem part. *dreyt* 147, 408 hat Barbere inf. *dre* 1, 327.

Nur in den Leg. findet man *le* 236, 480. — *leyt* 113, 394. — *leyt* 184, 547. II, 171, 562.

Bou 244, 1092. *bow* 5, 3. II, 153, 119. II, 158, 76. *bov* 140, 214. — *bowit* 237, 558.

Rew 44, 940. II, 125, 289. — *rewyt* 239, 721. Vgl. Br. 4, 593.

Bruk 47, 1154. II, 165, 164. *brok* II, 17, 382. Vgl. Br. 5, 236. 19, 9.
— *brukit* II, 183, 92. *brukyt* 110, 195.
Vereinzelt ist *vnlok* 215, 400.
Schot 59, 486. 168, 571. Die handschr. des Br. schreiben *schut* und *schute.* — *schot* 12, 525. 168, 572. — *schot* II, 109, 206.
Zu *lout* 213, 252. 244, 1059. *lowte* II, 65, 343, welches nur im reime steht, hat Barbere blos das prät. *lowtyt* 5. 253 aufzuweisen.

Klasse IV. *Draw* 39, 557. *drau* 167, 527. *drav* 166, 420. — *drew* 9, 309. 154, 967. *dreu* II, 39, 98. — *drawine* 11, 643. *drawyne* 60, 501. Zu *gnaw* Br. 19, 664 gehört *knawine* (part. präs.) Leg. 179, 215, wo Horstm. *gnawine* liest.
Im Bruce fehlt *fla* 65, 249. — *flew* 220, 767. — *flayne* 91, 290. *of-flayne* 91, 322.
Sla 13, 613. *scla* 97, 399. *slay* 31, 18. Merkwürdig ist der reim *sle* : *me* 95, 270. — *slew* 10, 366. 26, 827. *sclew* 78, 430. *sleu* II, 5, 177. II, 99, 1137. Dazu *sleucht* (: *wocht*) 221, 231; vgl. *sleuch* (: *lnewch*) Br. 1, 266. — *slane* 14, 675. *sclane* 79, 493. *slaane* II, 208, 846. *slayne* 109, 122 vgl. abschnitt V, 3.
Neben *laucht* 102, 194. 149, 524. *lauchand* Bruce 2, 34 weisen die Leg. prät. *lucht* 102, 192. 181, 368. 371 auf.
Tak 10, 409 und *ta* 3, 29. 7, 162. *tay* 31, 11. — *tuk* 3, 59. II, 55, 383. — *takine* 54, 110 und *tane* 4, 65 u. ö. *betane* 194, 181.
Forsak 35, 305. *forsake* II, 113, 471. — *forsuk* 35, 273. II, 209, 907.
Wak 139, 158. 59, 452. Im Br. nicht. — *wok* 19, 355. 127, 324. 190, 958. *woike* II, 32, 448; vgl. *wouk* Br. 2, 552.
Zu *schake* 135, 846, welches nur einmal im reime vorkommt und im Bruce fehlt, gehört prät. *schuke* II, 161, 261.
Gleiches gilt von *quake* 135, 845, wozu prät. *quok* 151, 702. *quowke* 150, 627. *quoke* (?) 127, 323; vgl. *quouk* Bruce 2, 365.
Vereinzelt steht *bake* 8, 274 (im reime).
Neben prät. *wox* 25, 783. 35, 281. 244, 1111. II, 58, 631, welches auch bei Barbere begegnet, finden wir prät. *wex* 19, 300. 51, 266. 211, 62. II, 127, 461. Vgl. Dunbar: *woxe* 73, 329 und *wax* 32, 36. — *waxine* II, 34, 574 kommt im Bruce nicht vor.
Nur in den Leg.: *wesch* Mach. 551. 173, 206. *wesche* II, 37, 782. *vesch* II, 182, 34. — *wesch* 195, 254. 244, 1064, *wesche* 125, 135. *wysch* 195, 268. *wysche* 135, 885.
Desgleichen: *schaf* II, 97, 1020. *schawe* 73, 55. II, 180, 227. — *schufe* 7, 158.
Grawe 159, 1405. II, 205, 555; part. *grafine* II, 90, 560. *grawine* 20, 370. 56, 224. *grawyne* 75, 223. *grawene* 141, 274. Im Bruce nur 4, 309.
Zu dem schwachen prät. *hewyt* 236, 487. *hewit* 237, 520 gehört das part. *hofyne* 187, 752. *howine* II, 89, 20. *howyne* 34, 229. 122, 141. *vnhowine* II, 75, 115 welches: getauft bedeutet. Der ablaut des prät. drang früh, schon bei Orrm. in das part. prät. Aus dem Bruce lassen sich diese formen nicht belegen. Vgl. *haf* am schlusse.

3*

Stand 11, 487. *stande* 9, 329. *stannand* 206, 262. — *stud* 9, 344.
11, 1152. — *standine* II, 110, 267. *standyne* 101, 84.
Wad II, 6, 250. II, 23, 750. 766. — *wod* 163, 243. M. 497.
Im Bruce begegnet öfter *schape* (*schop* : *bishop* 16, 573), in den
Legenden aber nur das prät. *schup* 12, 524. II, 95, 650. *schupe* 22, 521.
II, 68, 586 Auch das part fehlt. Vgl. Br. *schapen* 20, 206.
Ausser *stepand* 109, 172 finden sich von diesem verbum keine
belege.
Fare 31, 25. 212, 152. 223, 851. *forfare* 6, 74. 101. — *fure* 186,
682. II, 138, 1400. Das prät. *ferde* gehört zu ae. *fēran*. — *faryne* II, 124,
196. *forfarne* M. 242.
Zu *suere* II, 56, 480. *swere* 240, 772. *suer* II, 120, 313 gehören
die prät. *swore* 245, 1147. *suore* 240, 834 und *swer* 78, 395. *swere* 240,
787. 245, 1147. An letzterer stelle schreibt Horstmann *swore*. Ob *swer*
wirklich nur ein versehen ist, muss dahingestellt bleiben. Barbere schwankt
zwischen *a* und *o*. *swar* 1, 165. 13, 560. *swour* 1, 571. 3, 757. Ebenso
Dunbar, *swoir* 44, 1. *swair* 48, 86. *Swar* ist nach analogie von prät.
bare etc. gebildet. Vgl. klasse I b, *schere*. Siehe Zupitza, Deutsche Lite-
raturzeitung 1883, *sp.* 814 und Kölbing, Sir Tristrem, p. LXV. — *suorne*
II, 57, 569. *munsworne* 240, 839.

Klasse V. *Knaw* 8, 246. *cnaw* 192, 24. — *knew* 6, 107. *knev* 62,
646. *kneu* II, 20, 571. — *knawine* II, 137, 1345. *knawyne* 109, 118.
Zu *blaw* II, 132, 909. *blav* 120, 79. *blau* II, 62, 69 enthält Bruce
auch ein prät. und part. *blew* und *blawen*.
Craw 6, 58. — *craw* (: *saw*) 15, 54. Man sollte *crew* erwarten. —
cravyne 60, 557. Fehlt im Bruce.
Von *saw* II, 122, 87. *schau* II, 123, 133. — *sew* 6, 77. — *sawyne*
106, 404. II, 124, 203 findet sich im Bruce nur einmal das part. 4, 685.
Schaw 5, 150. *schau* 46, 1122. *schew* 194, 229. — *schew* 10, 445.
38, 528. 98, 513. 128, 356; vgl. auch Bruce *schew* 10, 161. Daneben *schawit*
52, 346. *schawyt* 29, 1080. *schavit* 55, 179. *schewit* 38, 522. II, 165, 200.
sawyt 138, 66. — *schawit* 11, 449. 23, 595. *schauyt* 149, 566. *schewit*
135, 897. II, 76, 161. Merkwürdigerweise gebraucht Barbere das part. dieses
verbums nicht.
Dew 6, 57. 149, 569. steht zweimal im reime, im Bruce nicht. — *Dem*
dew II, 138, 1417 steht gegenüber *dawit* Br. 17, 102. — Im Bruce auch
part. *dawyn* 4, 377.
Zu *thraw* Br. 13, 654. *thrawing* Br. 13, 156 gehört prät. *threw* 106,
455, welches allerdings im manuscript undeutlich ist.
Grow II, 114, 557. *grew* II, 54, 338. II, 86, 219. *greu* II, 126, 410.
grovis 64, 172. — *grew* 73, 61. II, 122, 21. II, 188, 115. — *growine* II, 122,
19. Im Br. fehlt prät. und part.
Row 132, 654. *roy* (?) 189, 869. — *rowit* 130, 512. II, 115, 638.
Zu *hew* 206, 214 finden wir im Bruce auch ein prät. und part. *hewit*
und *hewyn*.
Fal 27, 897. *fall* 11, 508. — *fel* 6, 102. *fell* 52, 384. *fel* II, 9,
504. — *falline* 224, 413. II, 71, 770. *fallyne* 91, 285. 98, 492.

Hald 84, 187. 242. *halde* 7, 135. *hauld* II, 42, 304. — *held* 11, 514.
6, 115. 34, 198. *hild* 6, 87. II, 17, 347. *hyld* 201, 724. *hald* 203, 58 ist
auffällig wegen des reimes : *tald*. Vielleicht ist das präs. gemeint. *beheld*
26, 814. II, 103, 232. — *haldine* 203, 62. *haldyne* II, 75, 90. *hadine*
200, 687.
Vielleicht gehören auch *fald* 166, 444 und *wellande* 169, 651 zu
dieser klasse. Zu prt. *walkit* II, 23, 764 fehlen andere belege.
Der alten medialform *hâtte* entspricht prät. *hat* II, 24, 831. II, 96,
950. 76, 294 (prs. oder prät.?), welches nur im reim und zwar mit kurzem
a gepaart, vorkommt. Im Bruce findet sich diese form im innern des
verses und auch als part. vgl. 14, 106. 522. 18, 462 u. ö. Auf ae. *heht*,
hêt geht zurück *hecht* 16, 90. *hicht* 8, 221. *het* 186, 665. Auch Bruce
weist diese formen neben einander auf. Das part. lautet *hatine* 54, 65;
vgl. Bruce: *hattyn* 10, 750. 14, 376. In allen diesen fällen bedeutet das
verbum: heissen. Als: verheissen bildet es folgende formen: *I hecht*
163, 209. 194, 210. — *heeht* 8, 210. *hicht* II, 99, 1117. *hycht* 96, 323.
heycht 101, 122. *forhicht* 242, 965. — *hicht* II, 209, 876. II, 69, 659.
Lat 11, 501. 112, 367. 121, 70. 189, 881. 147, 398. *lattis* II, 115, 617.
latand 163, 204. In den Leg. nur mit *a* geschrieben, im Bruce öfter *let*
als *lat*. — *let* 66, 324. *lete* 85, 8. 133, 727. II, 110, 283. *leit* 17, 173. 24,
696. Mach. 914. *leite* 156, 1148. *lat* 151, 730 ist ein versehen. Horst-
mann liest *let*. — *latine* 15, 20. II, 170, 534. Mach. 91. *lattyne* 16, 70.
II, 44, 508.
Dred 39, 536. — *dred* 16, 107. 22, 506. 37, 409. *dret* II, 11, 620. —
Nur Bruce *dred* 15, 535.
Neben prät. *sched* II, 11, 617. *schede* 150, 623 findet sich part.
sched 40, 619. *schede* 10, 376, welches im Bruce fehlt.
Von ae. *rêdan* findet sich weder in den Leg. noch im Bruce ein
prät. oder part. Siehe abschnitt III. *rede* II, 48, 827. II, 118, 189.
Zu dem *gret* des Bruce 3, 347. 16, 228 finden wir das prät. *gret* 6,
107. II, 75, 65. *grete* 35, 260 und *grat* 151, 757. 177, 93. *grate* 6, 54.
Die handschriften des Bruce schreiben nur *gret*. — Das part. *gret* 154,
949. 228, 700 fehlt daselbst.
Bet 108, 110. 196, 347. II, 35, 686 ist in den Leg. und im Bruce ohne
prät. und part.
Lepe II, 40, 174; vgl. *loupe* II, 89, 506, welches sich im Br. nicht
findet. — *lape* 5, 32. 59, 426. 199, 619. II, 128, 527. — *lopyne* 180, 302.
Prät. und part. sind nach dem muster der I. kl. umgebildet.
Prät. *slepit* 156, 1163. — *slepit* II, 165, 190. *slepyt* 206, 222.
Cast II, 68, 579. *caste* 20, 414. II, 87, 333. *kyste* 130, 496 ist ein
versehen des schreibers. — *kest* 9, 284. II. 155, 279. *keste* 15, 42. *kist*
12, 573. 32, 61. *kyste* 149, 511. II, 179, 159. *kaste* 79, 508. 151, 729 (an
dieser stelle bessert Horstmann: *keste*). Auffällig ist der reim *kaste : maste*
12, 532 gegenüber *kest : reste* 146, 281; vgl. Bruce 7, 446 *kest : frest*. —
castine 35, 285. II, 113, 495. *castyne* 82, 670. *cassine* 57, 301. *vncastyne*
76, 246. Das part. nur in den Legenden.

Schwache konjugation.

Prät. und part. werden gebildet durch anhängung von -it oder -yt. Ueber den lautwert dieser endung vgl. die reime im abschnitt IX, 4. In folgenden fällen wird der bindevokal ausgestossen.

1. Nach -y, -ay, -ey, -oy. Nur in einsilbigen wörtern auf -y gebraucht der schreiber -it. *cryit* II, 118, 139. *criyt* II, 42, 369. *spyit* II, 29, 187. *plyit* 215, 343. Auch bei mehrsilbigen wörtern auf -y findet sich noch einige male -it. *waryit* II, 54, 347 (*wary* 50, 226. II, 183, 142) neben *waryt* II, 33, 487. 122, 157. *waryt* M. 777. *varyt* II, 192, 185. 50, 230. *veryte* 69, 525. Bruce: *varyit* 7, 227. Siehe auch *wery* in klasse I°. *marryit* 43, 916 neben *maryte* 110, 194. II, 63, 166. *maryt* 42, 783. II, 63, 142. *herbryit* 225, 466 neben *herbryt* II, 3, 50. Dazu *denyit* II, 44, 514. *renyit* II, 4, 110. *reneyt* 66, 378. 383 neben *studit* II, 39, 124. II, 130, 725. *studyt* II, 38, 34. *caryt* 186, 679. *ferlyt* Mach. 892. *crucifite* 36, 347. Konsequent verfahren aber die schreiber bei den auf diphthong auslautenden zeitwörtern. *Verray* II, 72, 851. II, 125, 286. — *werrayt* 23, 622. *purway* II, 114, 569. — *purwayt* Mach. 1506. *purvoit* II, 101, 77. *purvat* II, 101, 23. *pay* 240, 773. 148, 482. — *payt* 240, 804. *paid* 44, 933. *prait* 17, 215. *prayt* 31, 46. II, 62, 113. *prad* 121, 62 (= *prayed*). *prayt* II, 134, 1095 (= *preyed*). *delait* 127, 319. *arayt* II, 129, 695. *obey* II, 113, 466. — *obeyt* 189, 884. *noy* 17, 171. — *noyt* 26, 831. II, 125, 330. *anoyt* II, 95, 871. *distroit* 133, 763. *dystroyt* 75, 235. 189, 848. II, 37, 355. *vndistroyt* 39, 582 u. a.

Trotzdem ist es mir in hohem grade wahrscheinlich, dass die flexionsendung in solchen fällen eine silbe bildete, und zwar dass das *y* von dem scheinbaren diphthongen zu trennen und dieser als nach schottischer art monophthongiert anzusehen ist. Ein direkter beweis dafür ist der reim *distroit* : *It* II, 70, 673. Ferner würde bei allen einsilbigen und den meisten zweisilbigen verben eine senkung fehlen, wenn nicht die flexionssilbe dieselbe ausfüllen könnte. Auch in den handschriften des Bruce gehen volle formen neben den verkürzten her. Bei den auf einfaches *y* auslautenden verben spricht schon das auftreten der doppelten schreibweise für diese Ansicht, wenn auch das aufgehen der beiden *y* in einander sehr leicht stattfinden konnte, zumal wenn beide vokale unbetont waren.

2. Auf *s* auslautende verba hängen im allgemeinen nur *t* zur bildung des prät. und part. an, vor allen die romanischen zeitwörter der inchoativen konjugation. Vgl. die reime *passyt* : *faste* 151, 763. *bypassit* : *faste* 127, 267 und *paste* : *faste* 153, 893. 155, 1077. 178, 185 u. ö. *passit* II, 28, 110. Bruce schreibt nur *passit*. Das prät. von *kis* 132, 682. *kyse* 111, 285. *kes* 155. 1050 lautet *kyst* 195, 288 oder *kyssyt* 156, 1120. *kyssit* 209, 435. *kissit* II, 46, 697. Die hdschr. des Bruce schwanken zwischen *turst* und *tursit* 19, 718, welche in den Legenden nicht vorkommen. *Hailis* II, 85, 125 in der bedeutung: *salutare* findet sich in den Leg. nie anders als in dieser bildung. Prät. und part. sind daher *hailiste* II, 199, 156. *hayliste* II, 32, 455. *haliste* II, 85, 117. II, 115, 669. *halust* II, 20, 593. *haluste* II, 85, 119. Vgl. zu *halist* Mach. 1268 in der nächsten zeile

hailsit, welches nicht hierher gehört. Die hdschr. des Bruce schwanken in der schreibung dieses wortes. Während C immer *halsit* aufweist, schreibt E häufiger *haylist, halist,* einmal *hailsyt.* Skeat hat die lesung von C, also diejenige welche von den legenden abweicht, für seinen text angenommen. Hart hat jedesmal *hailsed* geschrieben. Bei Dumbar 3, 11 finde ich *halsit.*

Punys II, 210, 989. *punyse* 103, 214. *punice* 32, 84. — *punyst* 63, 86. *punyste* 111, 298. *Perise* II, 64, 286. *perice* 124, 76. — *perist* 37, 431. *periste* 32, 99. *peryst* 108, 54. *Waryse* II, 105, 336. — *wariste* II, 125, 284. *waryste* 105, 330. *Baptist* 64, 183. 19, 336. *baptiste* 19, 342. *baptyst* II, 68, 532. *vnbaptyst* II, 71, 789; vgl. *bapstit* 121, 97. *Stablyste* 111, 317. *stabliste* 74, 167. *stabelaste* 43, 909. *Banyste* 53, 45. 44, 931. *Fluryst* 164, 274. *Oblyst* II, 12, 4. *Polist* II, 199, 107. *polyst* II, 5, 141. *Rewyst* 28, 947. *rawist* 94, 210. *Wanyst* 164, 267. *wanyste* 34, 245. *vaniste* II, 156, 356. *wanest* II, 161, 280. *Warnyst* 240, 797. *Vincust* 8, 260. II, 9, 456. *Purchas* 111, 313. — *purchast* 130, 508. *purchaste* 98, 504. II, 182, 47. *purcheste* 87, 776. *Mones* 184, 573 neben *monest* II, 190, 51. *amonesting* M. 985; vgl. Bruce 12, 383. *monyss* E. *monast* C. — *moneste* II, 111, 359.

Merkwürdig sind die bildungen: *murthryst* 192, 92. *leyryste* II, 36, 51. *warpyst* (: *Cryst*) Mach. 473. *fandist* П, 28, 93. (vgl. z. b. *fandit* II, 156, 369. 33, 167. *fayndyt* 167, 459. *fawndyt* 97, 415).

3. Nach *l, r, n, f,* wobei auch einige male statt *t* ein *d,* oft mit *t* wechselnd, eintritt. Der Bruce stimmt meistens auch in diesem wechsel mit den Leg. überein. Regelmässige formen erscheinen in den Legenden häufiger als im Bruce. Der reim *vnfylit : chyld* (ms. *cheld*) 120, 61 ist zu verbessern. Vgl. *cald : tald* Br. 13, 61. *Dele* 12, 570. *deile* 8, 242. — *delt* II, 171, 608. II, 173, 88. *delte* 124, 63. II, 113, 469. *Dwel* 27, 890. *Dwell* 7, 190. *duel* II, 37, 826. — *dwelt* 7, 153. *duelt* 31, 39. *dwelte* 8, 205. *Fele* 12, 544. *feile* 13, 630. — *feld* 76, 298. II, 171, 589. *Spil* 137, 6. *spill* 105, 350. — *spilt* 98, 478. Aber z. b. prät. *helyt* 9, 304.

Gere 3, 42. *ger* 9, 360. 155, 1030. *gare* 187, 720. — *gert* 6, 85. 16, 109. *kert* 78, 401. *gerte* 9, 310. *gart* 195, 310 und *gerrit* 198, 535. *Her* 8, 262. *here* 3, 22. *ere* 149, 527. *heyre* 6, 58. — *herd* 22, 540. 19, 299. *herde* 7, 146. 19, 340, *hard* 6, 73. 98. *harde* 17, 155. *Answere* 87, 32. — *answert* 11, 510. 35, 257. *answerd* II, 211, 1057. II, 212, 1095 neben *ansuerit* 59, 487. *answerit* 34, 198. 102, 147. *Spare* 11, 450. 26, 834. — *spard* 149, 572 und *sparyt* II, 69, 597. Zu aë. *feran* gehört *ferd* 16, 126. *ferde* 23, 640. Dagegen *lere* 149, 534. II, 38, 54. — *lerit* II, 122, 70. *leyrit* II, 122, 33.

Lene (: *mene*) II, 5, 135. II, 77, 275. 240, 774. — *lent* 18, 254. 240. 769. 31, 37. *lente* 18, 256. *lend* (: *defend*) 125, 732 u. ö. Dieses oft gebrauchte wort (= *to lend*) findet sich im Br. nicht. Vgl. *lene* (: *pene*) II, 13, 27 (= *to lean*) prät. *lenyt* 163, 228.

Wene 72, 5. II, 58, 586. — *wend* 59, 423. 9, 352. *vend* II, 132, 699. II, 181, 268. *went* II, 180, 253. *wenede* II, 207, 770. *Kene* 72, 41. 3, 24. 7, 185. — *kend* 78, 395. 109, 153. 69, 545; vgl. *vnkennyt* 214, 282. *Mene*

159, 1392. 158, 1316. 132, 670, *meyne* 121, 670 u. ö. (nur im reime). — *ment* 187, 732 (im reim; fehlt im Bruce), vgl. *menyt* 41, 699. *Tyne* 31, 1170. II, 152, 80. — *tynt* 32, 66. 4, 70. *tynte* 41, 752. 56, 245. Part. *illumynt* 169, 612. *commond* 155, 1099. 158, 1349; vgl. auch *wont* 24, 684. *wonte* 83, 770. *wount* 153, 935 für ae. *gewunod*.

Lef 27, 881. II, 66, 430. *lefe* 27, 886. *leef* 215, 343. *leif* 113, 398. II, 118, 150. *leyf* 113, 398. — *left* 29, 1052. 1089. 1093. *lefte* 19, 286 neben *lefit* 33, 123. II, 114, 593. 76, 246. *leffit* 47, 23. *levit* 12, 530. *lewit* 27, 893. 94, 198. *lefid* II, 90, 560. Auch im Br. begegnen beide formen für prät. und part. Desgleichen bei *refe* 82, 704. 234, 344. — *reft* 207, 311. II, 47, 239 neben *refit* 220, 108. II, 52, 196. *rewyt* 169, 658. *rewit* 48, 76. 172, 158. Folgendes vielgebrauchte verbum mit doppelformen fehlt im Bruce, prät. *befte* 59, 421. 77, 318 und *buffit* 13, 658. Part. *beft* II, 7, 299. 196, 331. *befte* 39, 613. 132, 631. 242, 922 und *bofte* 15, 21.

4. Bei den verben *lay, say, plav* und *ma*, wo das alte *d* der flexions-silbe erhalten ist. *lay* 5, 8. 7, 201. — *laid* II, 177, 19. II, 104, 282. *laide* 8, 236. *layd* 195, 259. 197, 477. *layde* 130, 525. *lad* 14, 735. II, 171, 621. 48, 85. *lade* 8, 224. *lait* II, 213, 1180. 130, 512 (Horstmann liest: *laid*).

Say 16, 133. *sa* 17, 204. II, 125, 276. *sayne* II, 16, 266. — *said* 8, 216. *saide* 8, 223. *sayd* 152, 813. *sad* 4, 79. 13, 629. *myssad* II, 166, 276. In dem reime *Sayne* (: *payne*) ist ein infinitif aufbewahrt, welcher noch die alte endung zeigt. Dass auch noch andere im schottischen sich finden, ist ersichtlich aus *Jamieson's Dictionary*, welcher unter *walkin* mehrere anführt.

Play 107, 14. — *plaid* (: *sad*) 59, 463.

Mak 6, 120. *ma* 13, 642. *may* 14, 697. — *mad* 4, 78. 3, 58. *made* 7, 148. *maad* 144, 129. Vgl. Bruce *makyn* 19, 375.

5. Bei den verben mit rückumlaut: *tel* 10, 485. *tell* 10, 420. — *tald* 7, 196. 19, 360. *talde* 6, 79. *tawld* 32, 86. *tauld* 183, 459. *tawlde* 7, 136. *Sel* 54, 126. *sell* 54, 119. — *sald* 54, 96. 56, 242. *sauld* 244, 1103. *sawld* 148, 455. In *saldyt* 111, 256 ist *-yt* zu trennen. *Quell* 34, 236 (im reime).

Bring 9, 316. *bringe* 7, 187. *bryng* 28, 965. *brynge* 96, 316. — *brocht* 4, 68. 3, 11. *broucht* 5, 39. *browch* 17, 139. *Think* 3, 42. *thynke* 46, 1103. — *thocht* 4, 106. *thoucht* 10, 433. *thowcht* 25, 719. 20, 380. *wmbethocht* 33, 138.

Wirk 3, 93. *wirke* 3, 13. — *wrocht* 8, 277. 4, 93. *vrocht* 4, 67. *wroucht* 35, 287. *By* 66, 332. 204, 110. — *bocht* 54, 97. 67, 344. *boucht* 123, 196. 66, 296 von Barbere nicht gebraucht.

Sek 16, 129. — *socht* 9, 315. 11, 453. *soucht* 38, 511. *sowcht* 35, 277. *schocht* 32, 97. *besocht* 87, 32. II, 46, 652. *Rek* 121, 43. *rak* II, 159, 154. — *rocht* 27, 907. 154, 943. (*w*)*rocht* II, 211, 1046. *racht* II, 168, 394. Die letztere form entstanden durch verwechselung mit *Rek* 93, 135. 158, 1320. — *racht* 37, 454. 183, 453. II, 127, 453. Neben dieser form finden wir im Bruce öfter eine form *rocht*, und sogar im reime: 6,

626; vgl. 2, 420 u. ö. Neben *strek* 158, 1319. II, 159, 168. *streke* 103, 258 finden wir, und zwar ebentalls im reime *strauchl* 196, 337. *stracht* 40, 645. II, 67, 447. Beide formen fehlen im Bruce. Für das prät. und par⁺. weisen beide denkmäler zwei formen auf: *stracht* 37, 453 und *strekit* II, 119, 486. 158, 1329. II, 102, 167. *strekyt* 40, 688. Vgl. Br. 2, 348 und 18, 130. Ueber *lacht* vgl. abschnitt XII, 7. Ich trage hier noch nach, dass auch II, 124, 188 *lacht* des wortes *lef* wegen steht.

Tech 36, 357. *teche* 6, 70. II, 123, 92; vgl. *thechand* II, 36, 737. *the-chinge* II, 122, 81. — *taucht* 11, 504. 28, 971. *tacht* 60, 519. 131, 595. II, 52, 167. *thaucht* 5, 19 neben *techit* 6, 76. 23, 649. *techyt* 31, 14. *techet* 116, 43. — *tacht* 67, 400. *tawcht* 20, 427. Dieses verbum scheint im Bruce überhaupt nicht vorzukommen. Dafür aber das prät. *betaucht* 53, 16. 58, 393. *bethaucht* 13, 597. *bethacht* 62, 39 nebst dem dazu ge-hörigen part. *taucht* 7, 199. *tacht* II, 171, 559. *tawcht* 17, 201.

Skeat nimmt, um *taucht* in der bedeutung "*committed*", "*delivered*" zu erklären, eine vermischung von ae. *tǽcan* und ae. *tacan* an. Diese ansicht wird wol nicht zu halten sein, vielmehr glaube ich, dass *taucht* verkürzt ist aus ae. *betǽcan*.

6. Kontraktion findet statt bei folgenden auf *th, d* und *t* auslauten-den verben: *kyth* 110, 235. — *kyde* 123, 216 neben *kythit* II, 13, 60. — *kyd* 128, 370. II, 68, 564. *kyde* 11, 119, 265. *kid* II, 90, 564. *kithit* 241, 870. *kethit* 110, 232. Fehlt im Bruce. Vgl. *clethe*, starke konjugation klasse Iᵃ. Vom ae. *wrǽðan* jedoch entstammt *wrethit* II, 77, 261. 111, 295.

Ueber die folgenden beiden verben vergleiche man abschnitt III:

Led 23, 627. II, 175, 227. *lede* 12, 596. *leyd* 199, 568. *leyde* 216. 431. — *led* 3, 54. 50, 210. *lede* 6, 63. *leid* II, 58, 632. *leyd* 188, 802. II, 158, 62. *lad* (: *stede*) 139, 135. *Red* 3, 22. II, 39, 92. *rede* II, 39, 93. — *red* II, 164, 117. 26, 843. II, 76, 165. *rad* (: *stede*) 14, 711. *Fed* 69, 488. *feyd* II, 194, 104. — *fed* 3, 53. *fede* II, 4, 92. *feid* II, 155, 293. *Sped* 100, 57. II, 175, 232. — *sped* 22, 523. 45, 1004. 117, 86. *spad* 158, 1366. *Bled* 24, 690. — *bled* 24, 697. Part. *spred* 37, 410. 139, 124. *sprad* (: *stede*) 118, 120. *oursprad* 84, 813. *Hyd* 132, 666. *hyde* II, 77, 246. — *hid* 18, 265. 207, 306. *hyd* II, 177, 36. 4, 85. *hyde* 123, 215. *vnhid* 9, 283. *vnhyde* 8, 279. *onhyde* 11, 489. Prät. und part. *tyd* 30, 1147. II, 119, 219. II, 18, 406. *tyde* II, 72, 829. *betyd* II, 116, 44. 52, 386. part. *chyd* 243, 1011. II, 136, 1277. part. *schrovd* 64, 133. *shrud* 173, 53. Neben *stad* 15, 26. II, 9, 510. *stat* II, 212, 1142, fälschlich ge-schrieben *sted* 11, 479. II, 8, 387 u. ö.. in der bedeutung: *hard pressed*, *placed in peril*, finden wir *stedyt* 45, 1044. 126, 222.

Send 51, 252. *sende* 9, 923. — *send* 7, 191. 51, 274. *sende* 45, 1048 und *sent* II, 8, 394. *Wend* 128, 376. II, 129, 637. *wende* II, 57, 564. — *wend* 177, 127. II, 108, 154 und *went* 7, 167. 46, 1114. II, 113, 522. *vent* 4, 66. *wente* 33, 129. *wynt* II, 28, 112. *Schent* (: *entent*) 33, 170. — *schent* 51, 288. prät. und part. *bent* 59, 477. 60, 494. part. *rent* II, 46, 692. II, 67, 463.

Einen wirklichen unterschied zwischen den Leg. und Br. glaube ich gefunden zu haben in dem gebrauche des wortes *lend* II, 129, 638. II, 210, 984. *leynde* 80, 522. — *lent* 116, 8. II, 22, 687. *lente* II, 79, 32. — *lent* 179, 229. 213, 206. Das wort gehört zu denen, welche nur im reim, und zwar ziemlich häufig, sich finden. Es bedeutet: wohnen und kommen. Im Br. bildet *leynd* 3, 747 aber das prät. *leyndit* 5, 125.

Set 20, 372. — *set* 19, 354. 5, 148. *sete* 7, 150. 87, 56. *seit* II, 211, 1087. II, 200, 179. *sat* 12, 558. 95, 255. *sate* 92, 9. *beset* 3, 12. *Put* 11, 467. — *put* 31, 17. 6, 64. *Wet* 124, 109. *vete* 59, 448. — *wet* 18, 278. II, 213, 1177. *wete* 154, 950. *Hit* II, 62, 110. — *hit* 168, 581. *Knet* (: *wyt*) 20, 385. — *knyt* 26, 868. *knet* II, 189, 183. *knete* 10, 404. *Nyt* 196, 319. II, 34, 570. 579. 586. — *nyt* 240, 807. 824. II, 88, 421. II, 109, 193. Im Machor aber: *nytit* 1218. *Quyt* 240, 763. 802. — *quyt* 243, 1007. *quet* 65, 215.

Dicht II, 26, 1007. *dycht* 81, 611. II, 137, 1324. — *dicht* 125, 129. II, 119, 246. *dycht* 12, 562. 92, 77. Siehe *tycht* (: *sycht*) II, 137, 1331 (Ninian).

Met 42, 814. 63, 96. — *met* 13, 616. 183, 452. 214, 288. *mete* II, 46, 696. Ausser dem part. *bete* II, 173, 60 stehen die folgenden formen ausschliesslich im reim und fehlen im Bruce. Inf. *bet* 66, 319. 195, 253. 217. 488. 522. *bete* 56, 229. 131, 621. Prät. *gret* II, 21, 659. II, 32, 402. — *gret* 222, 262. *Fet* II, 10, 527. II, 18, 421. *feite* II, 211, 1088. — *fet* 244, 1078. *Threte* 97, 411. — *thret* II, 6, 241. 228, 699 (*thret* Br. 6, 536 im reime), prät. *swet* 159, 1383.

Prät. *hint* 195, 290. *hynt* 82, 59. *hynte* 89, 183. — *hynt* II, 82, 459. Prät. *mynte* 89, 184 und part. *mynt* II, 53, 245. *mynte* 66, 300, welches nur im reime vorkommt, wird von Barbere nicht gebraucht. Zu *stynt* 59, 444 findet sich, und zwar im reim, prät. *stynte* 56, 246. *stint* 133, 744, während im Bruce diese kontrahierte form nicht begegnet, sondern nur *styntit* 3, 52. 17, 657.

Das unpersönliche *lest* 121, 43. *laste* (: *ewangeliste*) 53, 1 bildet prät. *leste* 5, 167. 17, 216. *liste* II, 83, 20. *laste* (Horstmann: *leste*) 14, 696. Hierher gehören auch prät. *stert* II, 42, 349 und part. *hurte* 93, 87.

Eine anzahl mehrsilbiger verben romanischen ursprungs hat sich in der bildung des prät. und part. diesen verben angeschlossen. Der Versrhythmus verlangt oft die regelmässige form, welche bei einigen verben noch nebenher begegnet. Sicher kommt manche kürzung allein auf rechnung des schreibers. Diejenigen verben, welche sich bei Barbere finden, zeigen dieselbe eigentümlichkeit. *confurd* 31, 35. II, 211, 1071. — *confurd* II, 206, 677. 694. *confort* 114, 451. *conforte* 84, 799. Prät. *discomfyt* II, 53, 248. — *discumfit* II, 53, 269. *disconfyt* II, 71, 747. *scumfite* (: *tyte*) II, 105, 333. Prät. *present* 10, 374. II, 121, 13. — *present* II, 68, 542. II, 75, 81. *Torment* II, 4, 109. — *torment* 16, 131. II, 186, 6. *turment* 32, 82. *Visit* II, 155, 315. — *wisit* Mach. 1433. *visyt* 93, 94. *Ennownte* 110, 250. — *enonte* II, 206, 687 (Horstm.: *enontit*?). *enoynt* 34, 212. *ennoyntit* II, 74, 34. Mach. 928, wo beide male wol besser die kontrahierte form stünde. Prät. *translat* 120, 79. — *translat* 119, 191. 43

860. Ueber 160, 1467 vgl. abschnitt XI. 3. prät. *deput* II, 154, 249. —
deput II, 211, 1081. prät. *resuscit* 35, 289. *excit* 106, 397. *distribut*
124, 79. *infect* II, 61, 51. part. *accept* Mach. 18. *reput* II, 41, 278. II,
203, 399. *disput* 181, 377 neben *disputit* II, 199, 133. prät. *command* II,
44, 545. *commaund* II, 199, 144. *commavnd* II, 184, 159 neben *com-
mavndit* II, 200, 233. II, 211, 1073. — *command* 35, 319. Andere verbeu
dagegen bilden nur regelmässige formen *repent* II, 76, 134. — *repentit*
II, 76, 138. 123, 203. *Consent* 219, 87. - *consentit* 104, 287. II, 48,
841 u. a.

Präterito-präsentia.

Inf. *cone* 93, 133. 211, 112. *cune* Mach. 1256. part. *cunnand* 85,
202. Präs. *cane* sehr häufig, prät. *cuth* 8, 242. 113, 435. 149, 534. *gud*
II, 32, 432. II, 211, 1045 ist eine verwechselung mit adj. *gud*, denn auch
umgekehrt steht *cuth* für *gud* II, 44, 473. — Präs. *dar* 34, 188. 11, 517.
Mach. 1775. *dare* 232, 221. prät. *durst* II, 109, 205. 234, 369. *durste*
14, 715. *durse* (Horstm.: *durste*) II, 34, 617. — Präs. *may* 123, 17. 128,
382. *ma* 8, 33. 24, 666. prät. *micht* 25, 785. *mycht* 3, 19. *myicht* 22,
563 und *mocht* 11, 468. *mowcht* 22, 515. Merkwürdig ist der reim *macht*
fyrslacht 118, 179. — Ae. *ágan* findet sich, wie auch im Bruce, sowol
in der bedeutung: sollte (persönlich und unpersönlich konstruiert) als auch
in der bedeutung: besitzen. Präs. *av* II, 50, 6. II, 69, 643. II, 82, 209.
prät. *acht* 31, 1174. 240, 836. *aucht* 21, 445. 196, 381. Mach. 65. *awcht*
II, 69, 648. 20, 428. Dazu das alte part. *avvyne* 66, 337. *avvine* 214, 392.
avvne 25, 721. — präs. *sall* 6, 94. 8, 268. *sal* 9, 326. 19, 301 etc. prät.
suld 3, 4. 25, 728. *sulde* 4, 127. *sald* Bruce 15, 295 ist ein schreibfehler.
— Inf. *vil* 9, 360. *vile* 134, 819. *vvyt* 20, 386. *vyt* 10, 403. Imper. *vil*
17, 185. 24, 685. *villis* II, 62, 125. 106, 431. 161, 45. präs. *vittis* 38. 508.
vat 16, 116. 166, 426. II, 80, 65. *vat* II, 126, 366 u. ö. prät. *vist* 25, 727.
28, 955. *viste* 6, 72. *vyst* II, 124, 179. *vyst* 108, 115. *vyste* 33, 148.
vest 9, 327. 13, 629. II, 162, 301. *vest* II, 190, 54. Mehr als zufällig ist
es, dass in den Legenden recht häufig ein part. dieses verbums begegnet,
während Barbere ein solches nicht kennt, *vittine* 5, 23. 171, 114. II, 28,
101. 103. *vitine* Mach. 1310. *vitine* 194, 161. *vityne* II, 136, 1229 neben
vist II, 32, 457. II, 57, 521. — präs. *mot* 245, 1172. II, 195, 1125. 1168.
II, 158, 117. In gleicher bedeutung *mone* 23, 596. 24, 688. 216, 431. 163,
181. 176, 58. 62. II, 99, 1170. *mane* II, 208, 805. — Ganz im Bruce fehlt
dov II, 52, 200 und *docht* 46, 1074. II, 104, 252, welches im sinne der
gegenwart gebraucht wird. — Präs. *vil* 121, 44. 131, 601. *vill* 5, 17, 19,
334. — *vald* 96, 324. 242, 974. *vald* 4, 97. 104. *valde* 8, 213. — Schliess-
lich erwähne ich hier noch die wie alle präterito-präsentia auch in der 3.
pers. sing. flexionslosen und unpersönlichen: 1. *thar* 103, 195. Bruce 8,
257. 12, 300, wozu prät. *thurt* Bruce 6, 121 gehört; 2. *byrd* 139, 152.
154, 1004. *byrde* 175, 335. M. 1648. Bruce 6, 316; 3. *lest* 121, 43 (vgl.
þu na liste, ohne flexion, 127, 309), *list* Bruce 3, 519.

Unregelmässige verba.

Do 3, 26 etc. part. *doand* II, 78, 285. *dowand* 109, 171. II, 199, 120. — *did* 3, 30. *dide* II, 123, 173. *dyd* 105, 377. *dyde* 10, 398. *ded* 4, 86. — *done* 3, 15. *downe* 7, 202 etc.

Ga 8, 221. *gay* 19, 315. *gai* II, 182, 29. *forga* 243, 1046. In dem reime *þu gane* (: *nane*) 146, 256 ist die alte infinitivendung erhalten geblieben. *gang* II, 113, 464. *gange* 51, 284. part. *gangand* 214, 289. *ganand* 232, 191. — *ʒed* 5, 33. *ʒede* 52, 335. 132, 658. *ʒet* II, 16, 297. *ʒud* 132, 638. — *gane* 13, 608. *gayne* II, 11, 639. *ned-ꝥegane* 211, 92. Inf. *be* 5, 6 u. 6. Präs. sg. 1. pers. *am* 8, 232. 233. *ame* 8, 231. Vom pronomen getrennt wird *is* gebraucht. *I fore pompe is sa costlike* II, 76, 201. *I his will to fulfil is al redy* II, 114, 566. *come I* (ms. *hy*) *and is brocht* II, 23, 804. *Niniane is my name .. and here is cummyne* II, 133, 999. Daneben: *I to tel þame al am swer* 52, 361. Im Bruce fehlen die belege. Vgl. den abschnitt über personalflexion. 2. pers. *art* und *is* finden sich in den Legenden ohne unterschied neben einander. Im Bruce wird letzteres aber nur einmal (3, 646)und zwar getrennt vom pronomen gebraucht. *art* 5, 13. 14, 723. 127, 271. *arte* 32, 102. 70, 561. *ar* 107, 464 ist ein versehen. *is* 13, 639. 14, 717. II, 28, 131. II, 126, 366. II, 200, 210. *quhil þat þu is* (reim) *in sic erroure as þu arte* now 70, 561. 3. pers. lautet nur *is* 7, 188 etc.

Plural in allen 3 personen: *are, ar.* 1. pers. 14, 721. 30, 1111. Im Bruce 3, 317 kommt ein einziges *Is* vor. 2. pers. 29, 1045. 75, 212. 3. pers. oft. Vgl. abschnitt III, 3.

Der konjunktiv lautet in allen formen übereinstimmend *be.* sg. 1. pers. 52, 395. 2. pers. 133, 1002. 3. pers. 54, 123. pl. 1. pers. 215, 893. 2. pers. 38, 526. 3. pers. oft.

Merkwürdig ist folgende als Futurum verwandte neubildung. 2. sg. *beis* II, 200, 220. 3. sg. *beis* 26, 861. 152, 833. Vgl. auch Bruce 10, 576. 11, 299. 19, 300.

Der oft begegnende imper. sg. lautet *be,* der pl. ist flektiert. *beis* 66, 326. 88, 105. 174, 267. M. 1711.

Prät. sg. *wes* 14, 716. *ves* 3, 51. *wess* 4, 141. *wese* 7, 142 und *was* 9, 304. *wase* 8, 248. Plur. *were* 31, 8 und *war* 4, 101. *var* 4, 100. Vgl. abschnitt III, 2. Daneben *ves* 122, 191. *wess* II, 104, 288 und *vas* 141, 256. *was* 150, 660. 210, 479 etc. Conjunktiv stets: *ver* II, 187, 40. *were* 215, 378 und *war* II, 57, 356. *var* 4, 98. *ware* II, 31, 375.

Das part. *bene* hat, wie aus den reimen hervorgeht, ein langes geschlossenes *ée.*

Inf. *haf, haff, hafe* sehr oft. Präs. sg. 1. pers. *haf* 151, 688 etc., in nicht unmittelbarer verbindung mit dem pronomen jedoch *has.* Es ist dies das einzige verbum, bei welchem sich auch im Bruce die flectierte form der 1. pers. präs. sg. nachweisen lässt. Vgl. Br. 13, 62. 642. siehe die personalflexion und *be.* *I* (reim) *has* 40, 677. *I vnwenandly has sene* II, 20, 578. *I one god has set* II, 71, 776. *I sic dede has done* II, 34, 598. *I fele folk to hyme has brocht* 39, 572. *haf I and has* II, 31, 354. *I hafe .. and has* 70, 581 etc. Vgl. *I na mycht na poware hafe* (reim) 159, 1406. 2. und 3. pers. lauten stets *has.* Im plural wird nur in verbindung mit dem prono men *haf* gebraucht, sonst *has*. 1. pers. *haff we hard* . . *and has* II, 199, 157. *ve hungire* . . *and has* II, 194, 99. 2. pers. *ʒe of sle spekine has sutelte* 45, 1027. *ʒe sic takinge sa of has mad* 161, 69. 3. pers. *þai sone has done* II, 102, 163. *þai to pas has mad* 237, 528. *mene has sene* 142, 343. *þe feyndis has* 111, 292. *myne ene now has sene* 157, 1235. *mene of his hors hyme has nummyne* II, 135, 1202. *þai record þat has bene* 213, 1194. Bruce 7, 283 steht *has* unmittelbar nach *þai*, doch ist hier *had* zu lesen. *ʒhe hass* Br. 20, 211 ist, wie oben *I has* 40, 677, durch den vers getrennt.

Statt *has* findet sich in beiden denkmälern noch einige male die torm *haffis* Br.: *we lyf* . . *and haffis* 3, 316. *haffys he* 1, 434. Leg.: *þe quhilkis are ʒet und hafis name* II, 44, 470.

Der konjunkt. lautet nur *haf*. *I* . . *haf* 150, 653. *þu haff* 40, 618. *he here hafe* II, 102, 153. *þai haf* 155, 1029.

Imper. sg. *haf* 36, 351. pl. *haf ʒe* 88, 529. Ohne pronomen *haffis* Br. 13, 305.

Prät. und part. lauten *had*. Ueber die quantität der silbe vgl. abschnitt VIII.

Wir finden in der Legendensammlung ein verbum *haf* sehr häufig gebraucht, welches formell mit dem hilfszeitwort genau übereinstimmt und die bedeutung: führen, leiten, bringen, mitnehmen hat. *hafe* 135, 835. 139, 122. *haf* 173, 213. 208, 395. 221, 203. 243, 1050. II, 21, 601 u. ö. imper *hafis* 186, 678. — *had* II, 23, 747. 755. 777. 193, 118. II, 75, 108 u. ö. — *had* II, 23, 804. II, 24, 881. II, 34, 606. 237, 568. II, 212, 1104 u. ö. Dazu *havit* 190, 920. Während nun dieses *haf* in den Legenden eines der am meisten gebrauchten und mit besonderer vorliebe verwandten zeitwörter ist, findet es sich, so weit ich sehe, bei Barbere nur ein einziges mal. Vgl. *had* 15, 240. Selbst wenn sich noch einige belege finden sollten, so bliebe doch ein gewaltiger unterschied zwischen den denkmälern in bezug auf den gebrauch dieses wortes bestehen. Ich vermute dass *haf* vom ae. *hebban* (vgl. klasse IV der stark. verben) abgeleitet werden muss. Hat doch der dichter der Legenden das *sublevabant* seiner quelle gradezu durch *had* 134, 831 übersetzt. Auch die vollere form *havit* spricht für diesen ursprung. Die bildung des prät. und part. lässt sich ohne zwang aus der anlehnung an das hilfszeitwort erklären. Ein solches ineinandergreifen zweier verben mit gleichen infinitivformen wäre z. b. weit weniger auffallend als jene eigentümliche verwechselung vom prät. *cane* und *cuth*.

VITA.

Ich, Paul Friedrich Heinrich Buss, geboren am 8. märz 1861 zu Schwerin in Mecklenburg, besuchte das Grossherz. Realgymnasium in meiner vaterstadt, wo ich ostern 1879 die reifeprüfung ablegte. Nachdem ich meiner militärpflicht im Grossh. Meckl. Grenadier-regiment no. 89 genügt, bezog ich ostern 1880 die universität Leipzig, wo ich zwei semester lang vorlesungen hörte bei den herren proff.: Arndt, Biedermann, Ebert, Heinze, Hermann, Hildebrand, Wülker, Zarncke. Im frühjahr 1881 begab ich mich nach Paris und übernahm nach kurzem aufenthalte daselbst eine lehrerstelle am Lycée St. François de Sales zu Gien (Loiret). Von hier siedelte ich im winter nach England an die Ormonde House School zu Ryde (Isle of Wight) über. Von ostern 1882—1884 studierte ich in Berlin, wo ich die vorlesungen der herren proff.: du Bois-Reymond, Kiepert, Lazarus, Müllenhof, Napier, Paulsen, Rödiger, Scherer, Tobler, von Treitschke, Zupitza besuchte. Zwei semester hindurch war ich ordentliches mitglied der unter der leitung des herrn prof. Dr. Zupitza stehenden englischen abteilung des Rom.-Engl. Seminars.

Allen meinen verehrten lehrern fühle ich mich zu grossem danke verpflichtet, im besonderen den herren proff. Napier und Zupitza, welche mich bei der anfertigung der doktorschrift mit rat und tat unterstützt haben.